U0028337

10000

Next **Hours**

Next 10000 Hours What Are You Going To Do?

下個10000小時,
你打算怎樣過?

人生規劃師／周結林 —— 著

下個10000小時,你打算怎樣過?/周結林作. -- 初版. -- 臺北市：
春天出版國際文化有限公司, 2021.05
　　面；　公分. -- (Progress；11)
ISBN 978-957-741-351-2(平裝)

1.成功法 2.生活指導

177.2　　　　　　　　　　　　　110008288

下個10000小時，
你打算怎樣過？

Progress 11

作　　者◎周結林

封面設計◎王婧

總 編 輯◎莊宜勳

主　　編◎鍾靈

出 版 者◎春天出版國際文化有限公司

地　　址◎台北市大安區忠孝東路4段303號4樓之1

電　　話◎02-7733-4070

傳　　真◎02-7733-4069

E－mail◎frank.spring@msa.hinet.net

網　　址◎http://www.bookspring.com.tw

部 落 格◎http://blog.pixnet.net/bookspring

郵政帳號◎19705538

戶　　名◎春天出版國際文化有限公司

法律顧問◎蕭顯忠律師事務所

出版日期◎二○二一年五月初版
　　　　　二○二一年十月初版五刷

定　　價◎330元

總 經 銷◎楨德圖書事業有限公司

地　　址◎新北市新店區中興路2段196號8樓

電　　話◎02-8919-3186

傳　　真◎02-8914-5524

香港總代理◎一代匯集

地　　址◎九龍旺角塘尾道64號 龍駒企業大廈10 B&D室

電　　話◎852-2783-8102

傳　　真◎852-2396-0050

版權所有・翻印必究

本書如有缺頁破損，敬請寄回更換，謝謝。

ISBN 978-957-741-351-2

本書通過成都天鳶文化傳播有限公司代理，經由化學工業出版社正式授權，同意經由春天出版國際文化有限公司出版中文繁體
版本。非經書面同意，不得以任何形式任意複製、轉載。本版本僅限在臺灣、香港、澳門地區銷售，不得在中國大陸等地區
銷售、販賣。

前 言

你該如何衡量你的生活

不管你是否願意，有一天，一切都會失去。

不再有旭日東升，不再有燦爛白晝，不再有一分一秒的光陰。

那時候，你的生命留下了什麼？你有生之日的價值怎麼來衡量呢？

而在那一天到來之前，你又過著怎樣的生活？有著怎樣的生命狀態？

毫無疑問，每個人都有追求快樂、逃避痛苦的心態，總是希望命運之神能夠讓他們過上無憂無慮的生活。可是，我見到的絕大多數人，認為一定有「某種」方法去實現這個夢想，但是自己卻沒有去尋找這條通往幸福生活的道路。

於是，他們的生活總是一成不變，白天上班，晚上回家上上網聊聊天、看看新聞或肥皂劇、說些家長里短。每當月底的時候才發現自己的生活現狀是多麼糟糕，總要為生活瑣事，諸如物價上漲等頭痛不已。難道生活的本來面目應該是這樣的嗎？

不，顯然不是。你應當富有，應當充分享受生活。但是非常可惜，時間會消磨掉絕大多數人的意志，只有極少一部分人會始終堅

持這種信念。而上天只會庇護那些有實力和肯付出的人。

很多簡單的話往往說出了非常深刻的道理，但是卻常常被人忽視。古老的諺語早就告訴我們，如果你不滿現狀卻不去改變方向，那麼你將沿著現有的方向一直走下去，不會更好，只會更壞。下個10000小時，你還打算繼續這樣過嗎？

人這一生，相對於自己永無止境的欲望，相對於眾生營營役役的生存現狀，在自己的經濟範圍、能力範圍之內，給自己高一點的自由度，好好去享受生活，那麼你就會比別人多一些幸福感，你的生命也會多一分精采。

可是終其一生，很多人都沒能過上自己喜歡的生活，選擇了碌碌無為地老去。為什麼？為什麼有的人條件差，卻混得比你好？因為你遠沒有自己想像中的那麼努力，因為你作夢的時候，他們在努力，而奇蹟只是努力的另一個名字。

如果你正在虛度年華，如果你正在為自己的現狀抓耳撓腮，渴望過一種新的生活，那麼就請丟掉自己懶散的習慣，勇敢地去嘗試打開生命的另一扇門吧。雖然那扇門後面也許是陽光燦爛，也許是狂風暴雨，但是只有打開它你才有機會實現人生的轉變。

你今天的工作狀態決定你未來的生活狀態，而你的付出，時光不會辜負。如果你還年輕，那麼你的不努力就是自私。假如你什麼都沒有，憑什麼要求歲月靜好？我們畢竟不是生來就注定失敗的，人生不妨大膽一點，反正只有一次。不要再抱怨了，留著所有的力氣讓人生變得更加美好吧。正如卡繆所說，對未來的真正慷慨，是把一切都獻給現在。也許你想要的生活，轉身就能擁有。

目錄

Part 1

輸在起點的人，未來在哪裡

人生的起點是無可選擇的，因為我們永遠沒辦法選擇出身，所以不可能站在同一條起跑線上。但是，起點和終點之間卻充滿著無數個可以利用的機會。對於輸在起點的人，鍥而不捨才是我們的信條。現在的你要是多學一樣本事，以後的你就能少說一句求人的話。「我們要多努力，才能看起來毫不費力。」這個過程中的艱辛，只有努力過的人才知道。但是，當你爬到了山頂，整座山自然就會依託你。

1. 10年之後你在哪兒

在這本書的一開始，讓我們來談談人生吧。

做講座的時候，我經常問我的聽眾們：「你有沒有想過這樣幾個問題：10年之後你在哪裡？你在做什麼？你過得怎麼樣？」

大家往往一臉迷茫，估計他們心裡在想：「這是什麼怪問題，世事難料，我哪知道10年後什麼樣子？」

誠然，世事難料。那麼我換一個說法：「你認為10年之後你會在哪裡，做什麼？」

有人說，10年之後，我應該買了房，有了自己的家庭，生了孩子；有人說，10年之後自己會博士畢業；還有人說，10年之後我可能創業了，開了自己的公司……

總之，大家的回答五花八門，都挺有意思的。有位40多歲的男士，他說自己10年之後要是還沒有什麼成就的話，就

退休了。然後所有人都笑了，我不知道笑完之後他們會不會有所觸動。

　　我為什麼要問這個問題呢？因為我希望每個人都能有個意識，就是未來的意識。因為你現在做的任何事，在未來都會產生結果。假如你能考慮到未來可能出現的結果或者後果，那麼今天的行為可能會有所不同。

　　舉個例子，今天你打算開始抽菸，你明知道抽菸有害健康，但覺得抽菸的危害是一件非常虛無縹緲的事情，於是你會把它無限縮小。你就開始抽了，反正未來不知道，至少今天可以讓自己快樂。但是，假如現在一位你極為信任的朋友告訴你：「你現在吸菸，10年之後你會死於肺癌，然後你的愛人和孩子沒人管。」你還會打算開始或者堅持這個壞習慣麼？恐怕你會掂量掂量吧。

　　從相反的方面來思考，如果你現在養成一個好習慣，或堅持做某些有意義的事，10年之後，你的收益同樣也會超乎你的想像。

　　我讀高中時班上有一個男同學，他特別喜歡看《電腦報》，幾乎每期都買。那時候大家零用錢都不多，很多人把錢都買了吃的玩的，或者跑去電玩店，但他堅持買《電腦報》看，雖然他跟我們大家一樣，根本沒有電腦。

　　讓我印象很深刻的是，有一次放學之後，我們幾個要好的男生聊起將來想做什麼，我說我要搞音樂去，我那個時候

天天聽國外的音樂。有的男生說要當作家什麼的。我這位愛看《電腦報》的同學回答得特簡單特乾脆：「我打算40歲之前退休，然後環遊世界。」在當時那個年代，這個答案有點意思啊，當時我們都挺佩服他的「幻想」的，因為那個時候我們的觀念還是跟父母那代人一樣，男的要60歲退休，女的55歲退休。40歲之前退休？我們都沒想過。

到現在一轉眼十幾年過去了，我這個同學在哪兒呢？那天給他留言，過了兩天，他回了消息，說自己正在佛羅里達的海邊度假。是啊，當我們都還在為事業奮鬥的時候，他已經實現了自己當時所說的夢想。

高考他填報的是一所普通大學的資訊工程專業，在當時，資訊工程是一個新興的專業，沒有生物和經濟等專業熱門，大部分人都是跟「傻子」似的，進了大學才對資訊工程開始瞭解。而我們這個同學，看了幾年《電腦報》，早就掌握了不少的知識，到了大學裡輕輕鬆鬆地開始實踐，很快就成為班上最出色的那個人。

並且，在大學裡，他就開始接觸社會上一些先進的技術公司，透過到那些公司裡實習接專案，既掌握了技術又賺到了錢。每次同學見面，他都有錢請我們吃飯唱歌什麼的，讓大家羨慕得不得了。

再後來，他一畢業就創辦了科技公司，有人看中他的技術和頭腦，給他投資，前期吃了不少苦，然後公司越做越

大，現在都已經是市值幾十億的上市公司了。我這同學持有大量的原始股，退居二線，每年都是閒雲野鶴般地到處遊玩，讓我們這些人怎一個豔羨了得。

當然啦，羨慕歸羨慕，我們的生活還是要過下去的。說這件事是想告訴諸位三個道理：

第一個道理是，你越早規劃你的人生越好，因為這樣你就知道自己的方向，你要做什麼，朝哪些方面努力。

第二個道理是，你光有規劃是不行的，與其坐而論道，不如起而行之。你得放手去做，如果沒有經年累月的累積，你拿什麼支撐你的夢想，你的目標？

第三個道理是，你不要奢望自己能夠一步登天，正所謂「行遠自邇，登高自卑」，要想走很遠的路，實現遠大的目標，就必須從近處開始；要想登上高山之巔，極目遠眺，一覽眾山小，就必須從山腳起步。假如沒有這份耐心和從容，當心患上「成功焦慮症」。

有很多人都對我說：「哎呀，我現在真的很迷茫，感覺成功很難。自己沒什麼背景，也沒什麼目標，一天天就像在混日子，進展太慢了。」我說你們都有點急功近利，社會風氣的確很浮躁，我們經常能看到那些轉瞬間身家過億的成功案例，但是你要清醒地意識到，很多人成功背後一定有他辛酸的過程。而且這個過程，往往還很漫長。

假如你想成為大樹，就不要和小草去比。和草比生長速

度，短期來看，肯定是草的長勢更加明顯，但是幾年過後，草換了好幾撥，樹依舊是樹。這個世界上只有古樹、大樹，卻沒有古草、大草。所以做人、做事，重要的不是一時的快慢，而是持久的發展力。

你用不著去羨慕李彥宏（百度創辦人），大學期間，他以圖書情報專業學生的身分，心無旁鶩想要考托福、GRE，過著「教室—圖書館—宿舍」三點一線的生活時，你在做什麼？他的目標是留學美國，方向鎖定在了電腦專業。再看看你自己，現在的你，對自己的未來有規劃嗎？

你也不用羨慕馬雲，馬雲30歲之前還是個英語老師，但是他找到了目標，看到了未來，做了充分的準備，這些核心的元素讓他取得了成功。那麼，你呢？

10年之後你在哪裡，現在考慮太早了嗎？一點也不！從這一刻起，你就要想想這個問題了，否則你的人生很可能已經輸在起點上了。想清楚以後，立即落實到行動上，那麼你的人生就將從這一刻開始改變。

2.現在的你，是否一文不值

這句話很傷人，可我還是想請你問問自己：「現在的你，有幾斤幾兩，價值幾何？是否根本一文不值？」

這個並不愉快的問題，很多人的第一反應是惱火：「怎麼可以這麼問？我當然是有價值的，我堅信自己的能力……」可是，你能夠向我闡述一下自己的價值何在嗎？在職業市場上，你就是一件商品，你的產品優勢、核心競爭力在哪裡？

有過讀大學的經歷，只能說明你受過教育，其他並不能說明什麼。我見過太多求職者，他們抱怨應屆生的起薪太低，可在我看來，他們的價格也就只能是那個標準，甚至還不值。

衡量你是否有價值，價值有多高，大家可以用「不可取代性」作為標準。看看你是否不可取代，還是換了誰都可以

在你的位置上做你的工作。

網上曾經有一則廣為流傳的故事，說的是一位員工跟老闆提出加薪，理由是「我有十年工作經驗」，而老闆的回答是：「你沒有十年的經驗，你只是同一個經驗用了十年。」兩者有什麼區別呢？顯而易見，假如你做的是毫無技術含量、任何人一學就會的工作，那麼你做一年跟十年有什麼不同？

前些日子，一個朋友讓我幫忙給他的一個遠房親戚介紹工作。那個男生，我們叫他小騰吧。說是男生，其實他不小了，已經二十四、五歲。中學畢業以後，他就在市郊的一家工廠給某手機品牌代加工手機殼，具體工作內容是在流水線上噴漆。訂單比較多的時候，他的月收入倒也不錯。租了間小套房住著，有好幾張信用卡，工廠裡多的是女工，所以他也不缺女朋友，小日子過得挺不錯的樣子。

但是隨著手機品牌此消彼長，他所在的工廠接到的訂單越來越少，終於有一天，老闆要裁員了。雖然有七、八年的工作經驗，但是他並沒有被留下，而是拿到了一筆遣散費失業了。原本他滿以為自己工作經驗豐富，再找一份工作不成問題，可事實證明，相當成問題。要麼他嫌工資太低，要麼人資部門不要他，所以就一直處於待業狀態。

我答應了朋友，所以就約見了他。我請小騰將我當成面試考官，在我面前介紹他自己。聽完他的自我介紹，我跟他

說：「很遺憾，以你目前的條件，我如果幫你介紹工作，待遇也不會比你自己找的好太多。」

他很委屈地說：「為什麼？我有那麼久的工作經驗了，憑什麼跟他們剛工作的拿一樣的工資？」

我說：「因為你做的是不具累積性的工作。這個社會很現實，一切以實力見真章。八年前，你是技工，現在你依然是技工，我看不到你在技術方面有什麼長進。既然我從大街上拉來一個人，培訓上一兩個小時，就可以取代你的位置，我為什麼要給你那麼高的薪水？你的工作經驗是很久，可是那沒有價值，隨著你年齡增長，這麼久的工作經驗甚至會成為你的劣勢，因為你不再像十八、九歲的年輕人那樣手腳靈活、耳聰目明、精力充沛。」

他一聽就慌了。為了讓他印象深刻，我並沒有留情面：「假如你是一個女孩子，你願意嫁給現在的自己嗎？假如今天你是公司老闆，你是否願意聘用現在的你呢？」

我想我已經把話說得很清楚了，假如你不願意嫁給現在的自己、聘用現在的自己，難道不應該反省自己這麼多年的行為嗎？作為HR，我會懷疑：「為什麼你工作了這麼多年，還在做最基層的工作？」

並不是我瞧不起基層的工作，而是管理學中有一個著名的「彼得原理」，內容是講：在每一個等級制度中，每個職工都趨向於上升到他所不能勝任的地位。啥意思呢？說白了

10

就是，假如一個人在目前的工作崗位上表現出色，那麼他理所當然會往上提升到更高的職位，直到他無法勝任自己的職位為止。換句話說，假如你長期在一個職位上停滯不前，那往往意味著你是不能勝任目前職位的。

最後我跟小騰說：「你已經浪費了太多時間，如果十年之後你還在做這樣一份工作，別說工資沒有起色，很可能根本不會再有人聘用你。我會幫你介紹，但從下一份工作開始，你一定要時刻保持積極向上的態度，努力去保持並且提高自身價值，讓未來的你有足夠的競爭力。」

我不知道小騰有沒有記在心裡，會怎樣做。假如一如既往，那麼處境實在令人擔憂。現在的你所處的位置固然很重要，但比它更重要的是你前進的方向。

如果你想瞭解自己的過去，就看看你目前的狀況。如果你想瞭解你的未來，就看看你目前的行動。我們每一個人，不管處境如何，都應該放下過去，為新的生活努力。如果你現在能正確意識到這一點，並且為之而努力，你的人生一定是異彩紛呈的。

有一次大中午我過馬路，見到一個萌萌的小「正太」，正被媽媽牽著手，跟我一樣在等紅燈。小朋友看著一位發傳單的中年男人問媽媽：「媽媽，天氣這麼熱，為什麼他要站在路口發文件？」

媽媽輕描淡寫回答了一句：「那是他的工作。」

「爸爸也有工作，可是，他發文件都是在辦公室裡的。」

我等著年輕媽媽的回答，聽到的是：「你不好好讀書，以後就得跟他一樣大熱天在太陽底下曬。要是好好學習，就能跟爸爸一樣吹空調。」

老實說這個答案沒有一點新意，我是有點失望的。可是，這句話卻很實在。我們今天所處的位置，取決於你以前所做的選擇和努力程度。你今天有多高的價值，自己說了不算，是你在一段時間之前所做的所有決定，加上時間的累積，決定了你今天的價值。所以，今天你值不值錢，是由以往決定的。而未來你值不值錢，由現在決定。願你的每一天，都過得有意義。

3.輸了起點，就等於輸掉整個人生嗎

　　我讀小學的時候，還肯相信那種「所有人都在同一起跑線上」的話。後來就漸漸明白了，人與人的起點，在你還只是一個受精卵的時候就已經不同了。但是幸好，年少的我傻傻地相信大家的起點是一樣的，相信不屈不撓的努力總會改變命運。否則，我不知道自己是不是跟我的很多中學同學一樣，在一所小城，過著相同的生活，只是主角不同而已。

　　也許你像我一樣家境普通，或者你還沒我幸運能夠進入一所好大學。這些都沒有關係。我現在要告訴你：起點並不像你想像中那麼重要。輸在起點了又怎樣？只要你堅定地相信未來，相信只要你願意苦其自身，終有一天必將掌聲雷動，那你就不會輸掉一輩子。不過是拿了一手奇爛無比的牌而已，有什麼大不了呢？我努力優化組合，力求把每張牌都打好不就是了嘛。

　　多年以前，我剛工作沒多久，有一次，公司要招聘網頁和平面設計人員。現在這個專業的學生滿大街都是了，但當時還沒這麼熱門。

　　做人事工作的同事跟我講，其中有一位應聘者，準備的資料格外豐富，除了一整套設計作品，還有某網站全部前台頁面的臨摹，並且排版了一本畫冊。大家原本挺看好他的，但是問及學歷時，他坦誠地說：「我只有高中學歷。」大家有些猶豫了。

　　這時候他開口了：「我不是一個平庸的人。」頓了一下，他接著說：「因為平庸的人太多了，以至於我連平庸都算不上。」大家被他的幽默感吸引了，就聽他繼續說下去。

　　「我高中沒畢業，但已經是我們家學歷最高的。我天資一般，不夠努力，家裡也不肯為我的學習多花一分錢，學習成績自然算不上出色。高二那年，村裡有個在外面當上了工頭的人回來招工，我爹就讓我跟他走了，從此我開始了建築工人的生涯，那一年我十七歲。

　　「建築工人之後，我陸續做過飯店雜役、在鍊鋁廠添過料、生產過塑膠袋，還做過網管、房產仲介，也有被人騙從黑心工廠連夜翻牆逃離的時候。這根斷指是給人安裝木地板的時候出事故了。

　　「今年我二十四歲了。我的所有小學同學，都跟我一樣，在走南闖北打工賺錢，有做廚師的，有挖煤的，有在流

水線上當工人的，等到二十來歲，回老家相親、蓋房、結婚、生子。可我是個異類，因為多讀了幾本閒書，發誓不要過這種生活。家裡只會罵我不安分，想要得到他們的支持那是天方夜譚。可是雖然挨了無數責罵，我還是在不斷『作死』，不斷折騰。

「這些年經歷的種種壓抑、屈辱、辛勞、徬徨以及苦難，逼著我認識到了為什麼需要好好學習，讓我更深刻地認識到了什麼是身分、什麼是底層、什麼是吃苦、什麼是心理落差、什麼是命運。我想擺脫這種生活，找一份不讓自己自慚形穢的工作，可是發現不管是學歷，還是工作經驗、英語、辦公軟體，我沒有一項能符合要求。我向無數刊物投過稿，根本無人理會。

「後來，在一家別墅裡給人幹活時，我聽到了男主人打電話時提到『互聯網以後是大趨勢，你可以讓他學學網頁設計』。我如獲至寶，就像一絲光明照進了我的生活，我想這可能是改變我命運的最後機會了。雖然培訓費很貴，雖然父母對此的反應是特別憤怒，可我還是義無反顧，用我拿鮮血和汗水換來的錢交了培訓費。你應該相信，我學得相當刻苦，所以後來培訓老師才向你們推薦了我。」

聽他輕描淡寫地講了自己的人生經歷以後，同事跟他說，我也給你講個故事：

「有一個小男孩讀中學的時候，一天下午，有一位攝

影師來拍學生上課時的情景照。小男孩平時極少拍照片，他
亮閃閃的眼睛興奮地盯著攝影師，希望他能把自己拍進畫面
裡。終於，攝影師看向了他的眼睛，可是他皺了皺眉頭，指
著小男孩對老師說：『你能讓那位學生離開他的座位嗎？他
的穿著實在是太寒酸了。』小男孩聞言，沒等老師開口，自
己倔強而驕傲地站起身來。

　　「讀中學的男孩已經懂事了，他知道自己穿得不夠體
面，知道自己家裡窮，更知道父母為了讓他受到良好的教育
已經竭盡全力。看著正在拍照的攝影師，他只是攥緊了拳頭
向自己發誓：『總有一天，我會成為世界上最富有的人！讓
攝影師給你照相算得了什麼，讓世界上最著名的畫家給你畫
像才是你的驕傲！』後來，在離高中畢業典禮只差兩個月的
時候，男孩由於父親的原因不能繼續上學，離開了學校。」

　　「您是那個小男孩麼？」他問。

　　「不，不是我。男孩的名字叫約翰·洛克菲勒，是世界
公認的『石油大王』，也是全球歷史上除了君主外最富有的
人。他到底多有錢呢？根據2003年《富比士》億萬富翁排行
榜，如果他還在世，身價折合後約有2000億美元，而當時的
世界首富比爾·蓋茲的身價是407億美元。

　　「在寫給兒子小約翰·洛克菲勒的一封信中，老洛克
菲勒回憶了這段刻骨銘心的經歷：『約翰，我的兒子，我那
時的誓言已經變成了現實。在我眼裡，侮辱一詞的詞義已經

16

轉換，它不再是剝掉我尊嚴的利刃，而是一股強大的動力，排山倒海一般，催我奮進，催我去追求一切美好的東西。』如果說是那個攝影師把一個窮孩子激勵成了世界上最富有的人，似乎並不過分。

「我希望你在經歷無數風雨以後，跟這個男孩一樣成功逆襲，讓別人可以看到你的故事。」送他出門的時候，同事這樣說。

當然，他得到了這份工作，所以我們也成了同事。後來我們一直有聯繫，他現在已經是一家著名網路公司的中階主管了。人生算不上多麼風光無限，但至少，他過上了自己想要的生活，也擺脫了似乎是與生俱來的命運，不是嗎？

那些自認一開始就輸在了起點的人，你又有著怎樣的經歷？你曾經遇到過這樣一個攝影師嗎？在可能會有的不公平與屈辱面前，你是怎樣對待這種感覺的？是把它嚼碎了化作熱量，還是一次又一次地抱怨上天？

與其埋怨，不如思變。人生不是在操場的跑道上跑圈，而是翻越一座又一座山峰。在翻山越嶺的過程中，你既會感到辛苦，卻又能欣賞許多風景。目光所能及的地方，就是你人生的境界。起點比別人低，那又怎樣？只是說明你應該更加努力而已。

你輸在了起點，外在條件比別人差，位置和高度沒有別人高，這都沒關係。關鍵是你的軟實力，只要你的思想、你

的視野、你的胸襟、你的氣度、你的格局一直在提升，你就
不會一直輸下去。

4.過你想要的人生,多晚開始都不晚

多年以來,總是能聽到身邊的同事和朋友嘆息:「唉,老了呀,如果再年輕一些,我過的日子肯定不是這樣,年輕多好呀,還有無限可能。」從他們嘴裡說出這樣的話真讓人不能理解,明明他們才剛過30歲呀。才30多歲,就覺得人生已經沒有辦法再改變了,這樣的人,我想就算是讓他們從頭再來,也是會和現在一樣原地踏步吧。

記得小時候,爸媽總是教育我們說要好好學習,要天天努力。「三歲看老」,小時候的所作所為將會決定你未來的人生。他們還不時地教育我們,說不要等到他們那個年齡的時候再後悔。所以,對於很多人來說,人到中年,就彷彿人生走到了盡頭一樣,讓人焦慮不安,又無力去改變。其實你想要的人生,只要你有心,只要你努力,什麼時候都不算晚。

　　2015年9月，央視的著名主持人張泉靈宣布離開中央電視台。她當時寫了一篇名為〈生命的後半段〉的文章，在文中她寫道：

　　「我唯一擁有的就是我的好奇，在42歲還有的好奇，艱苦的掙扎也沒有磨蝕的好奇。幸好，愛我的人只是因為想保護而阻攔，他們終究是愛我的，知道於我，澆滅好奇心，無異於謀殺。我要跳出去的魚缸，不是央視，不是體制，而是我已經在慢慢凝固的思維模式。我沒有說服他們，甚至沒有說服自己，這一步的跳出去我是安全的。最早離開海洋的生物，一定有一大批在肺進化完全之前滅絕。既然，我已經做好了準備放下，失敗又如何，不過是另一次開始。人生最寶貴的是時間。42歲雖然沒有了25歲的優勢，可是再不開始就43了。」

　　的確，人生永遠沒有最晚的開始。只要好奇和勇氣還在那裡，什麼時候開始都來得及。

　　在央視工作了這麼多年，已經是台裡台柱的她，在我們的眼裡，算是事業有成、工作穩定的成功人士了吧？可是她卻選擇了離開，為什麼呢？因為她想要在人生的後半段，開始一段新的不一樣的人生。

　　新聞出來之後，我和幾個同事討論這件事情。那幾個總是感嘆自己「老了」的人開始發表觀點了：「你說她事業做得那麼好，在這個行業已經風生水起，為什麼就想不開，非

要辭職呢？」另一個說：「她離開自己熟悉的行業，去一個陌生的產業，一定不會成功的，互聯網沒有她想像的那麼容易。」但是顯然，我的觀點和他們不一樣。

張泉靈選擇離開熟悉的主持行業，投身於互聯網大潮。沒有人敢跟她保證一定會成功，也有可能她對於互聯網的瞭解還沒有我的那些同事多。但是，她清楚地知道，她想要一個不一樣的人生，她想要去做互聯網，那是她想要開始的新的人生。在她看來，只要自己還能想，還有好奇，還可以努力，一切都不會晚。不試試，你怎麼知道自己想要的就一定得不到呢？說自己年齡已經太大，你能大過摩西奶奶嗎？

摩西奶奶是美國著名的畫家，她本是一個農場工人，一直從事著擦地板、擠牛奶、裝蔬菜罐頭這樣的瑣事。她出生在一個貧窮的農夫家裡，小時候受過一些有限的教育。27歲的時候，她嫁給一個當地的工人，之後像自己的母親一樣，生兒育女，照顧著整個大家庭。

76歲之前，摩西奶奶的生活和其他的農場工人一樣，沒有太大的不同。在76歲的時候，她還在做刺繡的工作，但不幸的是那一年她患上了關節炎，只能放棄了刺繡。這個時候，摩西奶奶竟然拿起了畫筆，轉而開始繪畫。

讓人沒有想到的是，在她80歲的時候，竟然在紐約舉辦了個人畫展，並且引起轟動。此後她的作品成為藝術市場中的熱賣品，並且贏得了許多獎項。1961年12月13日，畫家摩

西奶奶在紐約的胡西克瀑布逝世，享年101歲。她留下了11個孫輩、31個曾孫輩和無數為她的事蹟驚嘆的人們。

雖然她從未接受過正規的繪畫訓練，但對繪畫藝術的熱愛使她爆發出了驚人的創作能力，在她二十多年的繪畫生涯中，總共創作了1600幅作品。

摩西奶奶的成功並不是老天對她的眷顧，這當然也不是一種偶然。多年來內心積累了很多素材，這是她創作的靈感。我們每個人的一生都會有所積澱，可是你有在七、八十歲拿起畫筆描繪一生的勇氣嗎？

摩西奶奶曾說：「什麼人都能繪畫，什麼時候都可以繪畫。」這句話說得很有道理。你渴望去做的事情、你真正想要的人生，什麼時候開始都不嫌晚。

我相信，你也許比張泉靈更瞭解互聯網行業，比摩西奶奶受過的教育高，更比摩西奶奶年輕。每一年，全國各地的高校都會有一大批擁有無限可能的年輕人踏入社會。可是，這些人中，又有多少人可以像張泉靈、摩西奶奶一樣，勇敢去追尋自己想要的生活呢？這其中的大部分人，都選擇了按部就班的生活，選擇了按照別人的目光來生活。

不管任何時候，都不是你沒有能力擁有自己想要的生活，而是你沒有勇氣。當你想要抱怨上天沒有讓自己得償所願過上想要的生活時，先想一想：「我真的很努力很努力了嗎？」不管你身處何種境地，都沒有人能夠剝奪你奮鬥的權

利。如果真的什麼都沒有，記得帶上勇敢。去做最好的自己吧，趁還來得及。

5.明天會怎樣，其實不用恐慌

　　我曾經問過大家一個有意思的問題：「如果十年前的你站在現在的你面前，你會對他說什麼？」

　　網友們的回答五花八門，有人說「別吃了，不然你要用一生去減肥」，有人說「好好學習，拚盡你所有的努力讀書」，有人說「多買幾間房子，哪怕是貸款」，有人說「該做就做吧，反正不管怎樣過都會有遺憾」，還有一個人說：「我想對十年前的那個小女孩說，別擔心，別害怕，妳遠比自己想像的強大。」這句話，也是我想要告訴大家的。

　　未知總是充滿魅力，也總是讓人恐懼的。不知道你有沒有這種感覺，每天忙忙碌碌的卻看不到未來，不知道明天的自己會是什麼樣子。

　　我也曾經這樣恐慌過。明天會變成什麼樣？我是否會被世界拋棄？我該如何應對接下來的挑戰？我是否應該暫停一

下腳步，讓自己好好休息一下？我思考著這些問題久久不能睡去，因為只有明天開始，才能揭曉答案。

當然，現在我不會這麼去想了。那些對於明天的猜想和恐懼，多半來自當時心裡缺乏自信。有些時候，當我們對外部環境過於依賴時，就會讓自己陷入這種迷茫。

比如，你會想明天會不會有好事發生，那在你的潛意識裡，是一種對好運氣的依賴，而不是相信自己能夠創造更好的未來。再者，你會想明天會不會挨老闆批評，這也是因為你缺乏自信，對於公司組織過於依賴。

這種依賴不消除，你一定會繼續迷茫下去的。

我是如何消除這種依賴的？

答案是，我讓自己相信，自己變強，好事就會發生。

一個簡單的做法是，我會在入睡前，對著鏡子告訴自己：明天的你，一定要比今天更強。

如果明天的我比今天付出更多的努力，我一定會有好事發生；如果明天的我能減少犯錯誤的機率，我必然不會遭到批評；如果明天的我能堅持充電提升自己，我就有了升職加薪的資本。

只要明天的我比今天更強，我就可以無所畏懼。

人生中有不少潛藏的恐懼，有些是因自己的怯懦而產生，有些是外力在我們成長的過程中所加諸的陰影，但如果我們不正眼看它，正面面對，而只想處處躲它，我們終會發

現，地球真是圓的，世界還真的很小，我們的心無處可逃。

所以，克服恐懼和懦弱的最簡單辦法，就是讓自己一天天變得強大，你會發現你體內的正向能量正不斷變大變強，好事自然會接踵而至。於是，總有一道梯子能幫到你。

海威希是位普通的律師。他剛步入社會的時候，在堪薩斯城一家貿易信託公司裡當小職員。後來他移居到奧克拉荷馬州，進入一家石油公司做事。不久，經濟發生了大恐慌，海威希和許多職員被解雇了。他受過的訓練和積累的經驗都不夠，沒有辦法擔任一般書記以外的工作。他只好接受了他所能從事的唯一一份工作。這份工作是在石油管理工程裡挖壕溝，待遇非常低，每小時只有四美元。

他的故事後半段是這樣的：後來海威希被那家石油公司重新雇用，他的工作是在會計部門辦理有關投資的文書工作。但是他對於會計工作一竅不通，這時只有一個辦法，那就是學習。海威希認為自己做過的最聰明的事，就是到奧克拉荷馬法律會計學校的夜間部會計系上課。

他三年的學習沒有白費，後來老闆給他加薪了。於是他馬上進入杜爾沙大學夜間的法律系上課，四年內修完全部學分，得到了學位，並且通過律師鑑定考試而成為合格的開業律師。但是他仍不滿足，研究高等會計三年以後，又學了一項公共演講課程。不斷地學習使得他的薪水越來越高了，他已經不是過去的他了，而是一個成功的海威希。

　　往往，我們把失敗歸咎於自身的缺憾，其實，缺憾可以用智慧彌補。現實中，總有一道梯子可以幫助你，只要找到它，你就能踏上成功的高峰。

　　人，最大的敵人不是別人，而是自我。打敗別人，贏得第一，那不是最重要的。最重要的是，你能不能學會尊重你自己，能不能發現你自己的價值在哪裡！

　　有一家海洋動物園裡有一條重達8600公升的大鯨魚，能夠躍出水面6.6公尺，還能向遊客們表演各種雜技。面對這條創造奇蹟的鯨魚，遊客們紛紛向訓練師請教訓練秘訣。

　　原來，最初開始訓練時，訓練師先把繩子放在水面下，使鯨魚不得不從繩子上方通過，每通過一次，鯨魚就能得到獎勵。這種訓練好似遊戲，鯨魚很喜歡。

　　漸漸地，訓練師會把繩子提高，只不過每次提起的幅度都很小，大約只有兩公分，這樣鯨魚不需花費太大的力氣就有可能越過去，獲得獎勵。而時常受獎的鯨魚，便很樂意接受下一次的訓練。

　　隨著時間的推移，鯨魚躍過的高度逐漸上升，最終竟然達到了6.6公尺。

　　可以說，正是每次微不足道的兩公分的進步，最終成就了令人驚嘆的「6.6公尺之躍」；而一條原本普通的鯨魚，也藉此躍過龍門成為明星。

　　這就是一點一滴累積出來的質變。當你每天都堅持「明

天要比今天強」這樣去努力時，你會發現，半年後的你和現在相比，簡直是脫胎換骨的轉變。這種強大的轉變，不光是知識和技能上的，更是一種內在的強大。

所以，請容許我再次強調：明天的你，要比今天更強大！明天的你，要比今天瞭解更多的信息，要比今天更有意志力，要比今天掌握多一種技巧，要比今天多一分責任心，要比今天多一個客戶……你有無數可以增強自己的事情去做，只要行動，明天的你就一定會比今天更強大。

6.總要笑對那些凜冽的時光

「我們所有人都身處陰溝，但仍有人在仰望星空。」這是愛爾蘭作家王爾德的話。你是一個身處陰溝中也能看到星星的人嗎？還是，你是身處迪士尼樂園依然會哭泣的人？

假如你不清楚，下面這個例子可以幫你很好地回答這個問題。大雨過後，牆上的蜘蛛網已經變得支離破碎了，一隻蜘蛛艱難地爬向牠的網，試圖去修補。可是由於牆壁濕滑，蜘蛛爬到一定的高度，就會掉下來。於是，牠一次次地向上爬，又一次次地掉下來……

看到這個場景，你會怎麼想呢？是「命運無常，我們就像這隻蜘蛛一樣無能為力」，還是「這隻蜘蛛真笨，為什麼不換條路走呢」，或是「這隻蜘蛛真堅強，人生就應該這樣屢敗屢戰」？你第一個浮現在腦海的答案，向你昭示了自己的性格。

　　其實哪個答案都無可厚非，但顯然第一種是應該避免的，除非你是詩人，可以把心中遮天蔽日的痛苦化作絕世藝術品，否則就不要讓悲觀和痛苦佔據你的心靈，因為那無益於你的人生。

　　你一定要相信，並不是事情怎樣，而是你怎樣看它。同一件事情、同一種現象，積極樂觀的人會看到希望，消極悲觀的人會看到失望。任何時候，我們都要善於從不同的角度看到希望，讓它成為一種深入骨髓的思維習慣，這樣的人生才有動力，才會充滿生命力。而這種力量，將會源源不斷地為你的生活和事業提供養分。

　　面對求職者的時候，HR經常會問大家一個問題：「你覺得自己原來的公司怎麼樣？」如果他們回答「那裡糟透了。同事們爾虞我詐、鉤心鬥角，部門經理粗野蠻橫、以勢壓人，整個公司暮氣沉沉，生活在那裡令人感到十分壓抑，所以我想換個更理想的地方，比如貴公司」，那很遺憾，這種人往往都會被pass掉。

　　最喜聞樂見的回答是：「我們那兒挺好，同事們待人熱情、樂於互助，經理們平易近人、關心下屬，整個公司氣氛融洽，生活得十分愉快。如果不是想發揮我的特長，我真不想離開那兒。」

　　為什麼前者不受歡迎呢，即便他明顯在恭維？因為他有錯誤的歸因論，在這種人的心裡，天堂也不是完美的，將來

新的公司在他眼裡也會是這個樣子。

那麼怎樣才是正確的歸因論呢？

所謂歸因，就是指事後總結成功或失敗的原因。那些悲觀的人，喜歡把成功的原因歸結到不可靠、不穩定的因素上去，比如「我碰巧是運氣好」「不過是瞎貓碰上死耗子」「這次成了，誰知道下次怎樣」這樣的想法；而失敗的時候，又喜歡把原因歸結到不可改變的因素，比如「我天生腦子笨」「我根本就不是那塊料」「我家裡沒有資源」等。

而那些喜歡推卸責任的人，往往會把成功的原因歸結為自己能力強，把失敗的原因歸結為環境太差。這種人很難成為合格的員工，甚至也很難成為優秀的伴侶。

至於樂觀的人，他們在歸因的時候恰恰相反，喜歡把一切事情的主要原因歸結到自己能控制、能改變的因素上來，這樣才能看到希望，才有不竭的動力去作為。其實要說這樣的歸因也算不上多客觀，但是由於它能給我們帶來信心和勇氣，所以是值得推薦的。

在我多年的工作經驗中，只對一位前台印象深刻，並不是因為她多漂亮，而是她夠樂觀，永遠都是足以媲美向日葵的笑容，讓人看了就開心。給大家講一個例子你們就知道了：

這女孩只有專科文憑，長相也不是很出眾，所以到我們公司應聘前台時，她並不是最優人選。就是因為笑容可掬，

人事覺得她親和力夠強，所以留下了她實習。

結果在實習的第二天，總部突然傳來消息，說暫停招聘新員工。老實說我覺得這事兒做得挺不地道的，可是沒辦法，我只能去找那批新來的實習生談話。不出所料，大家說的話並不好聽，也有人當時就把臉拉了下來，還出言不遜。

焦頭爛額的我忙了半天，才想起來，還有個前台女孩，她還在整理文件。我忙去找她，跟她表示抱歉，說真不好意思，讓妳白忙活了這麼久，我們恐怕不能招聘新人了。請妳體諒，這是總公司的臨時決定。文件就丟那兒，趕緊回家吧。

女孩聽了，歪了歪頭，笑著說：「沒關係啦，我再去找工作就是了，能認識你們也是緣分呢。只是這些文件我都整理了一半，要是丟給別人做他們還得從頭開始。我這人勞碌命，工作沒做完心裡不踏實，我把它整理完好了。」於是，整理完文件以後，女孩跟我告別，還是微笑著的。

這件事情讓我印象很深刻，跟經理彙報工作的時候特地提了這件事，說人事真是招了個好女孩。結果，兩週以後，我們又要重新招聘員工的時候，人事毫不猶豫地撥通了女孩的電話，她又回到了公司，成為我的同事。在我跳槽離開的時候，女孩已經調到採購部了。

如果你是那位女孩，會怎麼做？那些凜冽的時光，你會怎麼面對？你面對那些人生不如意事的態度，也是你對待生

32

命的態度。

　　態度很神奇，它就像是磁鐵，不論你的思想是正面還是負面的，都會受到它的牽引。你是快樂的、陽光的、積極的、正面的，也就會吸引到同樣屬性的東西。誰都喜歡正能量吧？那就先讓自己成為一塊正向的磁鐵吧。

7.信心爆棚的人比自卑的人更易成功

　　假如現在有一個任務，對你來說它是頗具挑戰性的，你沒有把握自己一定可以搞定，但是你知道如果能夠順利完成，對自己的能力和未來的升遷都大有裨益。這個任務並不會強加給你，你可以自己選擇要不要接受。這時候，你會怎麼選擇？

　　毫無疑問，有人會說「我一定可以搞定」，有人會說「我試試看」，有人會說「我竭盡全力去完成」，有人會說「我不行」。結果怎樣並不能確定，說「我一定能搞定」的人，未必能搞定。但我可以肯定的是，說「我不行」的人，絕對不可能完成。

　　也許當你選擇了挑戰自己，會像我一樣經常弄得自己灰頭土臉，可是多年摸爬滾打下來，你會發現自己大有長進。而那些經常說「我不行」的人，工作似乎是一帆風順的，很

少碰壁，可是30歲以後你會發現，他們的職業生涯堪憂。

工作上，給你分配任務的時候，假如你本能反應就是「我不行」，一開始大家可能以為是你謙虛，但漸漸地就會對你的能力產生懷疑。或者大家會認為你在百般推諉，因為怕承擔責任。可是公司不是慈善機構，你不行可以學習啊，誰都不是天生就會的。你不行就是不去做事的理由嗎？發薪水的時候你怎麼不說自己不行呢？如果你真的不行，那對不起，會有行的人來取代你的位置。

而對你自己來說，當你總是用「我不行」來推開許多機會和責任，那麼它漸漸地會成為一種天經地義的推脫藉口。「我不行」出口以後，那些挑戰、困難、麻煩就一個個離你而去，你就可以永遠待在自己的能力範圍之內，永遠躺在舒適區裡，日子很愜意是嗎？然後呢？然後世界在不斷變化，你周遭的人都在不斷進步，只有你原地踏步，那也就意味著你在落後。於是，終於有一天你會發現自己被這個時代淘汰了，你真的不行了。

不僅工作是這樣，人生也是如此。

大家對中國第一個走向國際的名模呂燕應該並不陌生，她獲得了很多國內、國際的榮譽，在圈內有很高的知名度。可是，幾乎所有的中國人都不認為她漂亮，還有不少人為此嘲笑老外的審美觀。現在，隨著時間的流逝，實力證明了一切。她爽朗大方，從不忌諱自己的容貌，也不忌諱自己貧困

的出身。在得知她的人生經歷後，不少網友被她圈粉。

　　不管你怎麼看待她的容貌，都無法否認她的成功。這個曾經的超模，已經轉型做了設計師，把自己的服裝品牌Comme Moi經營得風生水起。大家的評價是，這個品牌簡直與這位超模設計師的私人風格如出一轍，「簡潔流暢、幹練精緻，帶點無傷大雅的搖滾氣質和年輕隨意的運動感。」

　　我們還是從她小時候說起吧。這是個毫無家庭背景的女孩，爸爸是理髮師，媽媽是家庭主婦，還有一個妹妹和一個弟弟。回憶小時候的生活，她說：「鄉下沒有自來水，沒有抽水馬桶，只有一個缸，上個廁所整個人都是臭的。」

　　眼睛小、塌鼻梁、厚嘴唇，極少會有中國人認為她長得好看。非但不美，她還高得扎眼。哪個女孩子不愛美呢？在很多少女因為容貌不佳自卑的時候，這個鄉下女孩卻天生自信樂觀：「你覺得我好看，就多看兩眼，不好看就別看唄。」她從沒覺得自己漂亮，但也不覺得自己醜，從來沒有自卑過。

　　她是怎樣成為模特兒的呢？最初加入模特兒培訓班，她只是嫌自己駝背不好看。我窮，不美，那又怎樣？還是要愛自己，去矯正體型啊。之所以能上T台，則純屬湊數。管他能不能拿名次呢，有機會就試試看唄。結果第一次參加模特兒大賽，她就一炮而紅。No，現實不是影視劇，這次比賽她沒有拿任何名次，但是遇上了人生伯樂，當時還沒有成為大咖

的造型師李東海，覺得這女孩挺特別，開始為她造型。

後來，她的一個經典造型，吸引了法國大都會模特兒公司一個工作人員的注意，向呂燕提出去法國工作的邀約。那只是一個普通工作人員的邀請，並不是什麼國際大咖。當時她已經在國內小有名氣，可是去國外，誰知道行不行呢？去還是不去？

這個18歲的鄉下女孩，從沒出過國，沒有外國朋友，別說法語，連英文都不懂，就這樣拔腿去了法國。「失敗了也沒什麼，說不定就成功了。」她是這樣想的。

一到法國她就大受賞識嗎？你想多了，一開始她不會說法語，生活很苦，連著幾個月都靠吃蛋維生。好不容易在法國站穩腳跟，法國的經紀人卻要求她參加在北京舉行的世界模特兒大賽。很多朋友勸她既然在法國安定了，就不要再回國，畢竟很少有中國人認為她顏值高。可是她回來了，參賽了，而且拿了亞軍，是中國模特兒在這類大賽中取得的最好成績。她名震天下，各種榮譽接踵而至。

可是，這位功成名就的超模又不安分了，她想要轉型做設計師，所有朋友家人沒有一個支持，她那天生自信不認輸的勁兒又上來了。她說，做模特兒這麼多年，知道什麼是好衣服，也清楚自己喜歡什麼衣服，去做就是了。從買布料、布置工作室，到真刀真槍設計衣服、推廣售賣，她親力親為。這個名叫Comme Moi的品牌，中文譯為「似我」，專做

她自己喜歡的風格的衣服。這個女子，夠任性吧？沒辦法，自信的人就是這樣。

在這漫長的一生中，總會有些事情，它也許並不容易，它可能不太順利，它可能讓你備受打擊……你可能必須結束、屈服、原地打轉或直接跳過。但是，有時候，你的雙眼只有經過淚水的洗禮，才能更清楚地看見前方的各種可能。如果你相信自己，在看似沒有辦法的時候不肯放棄，最後你終將會找到一個方法。

所以，給自己一個承諾吧。你是成年人了，別總說自己不行。從今天開始，答應自己，別說你不行，如果你還沒開始做。

8.別人低調時你高調，別人高調時你微笑

在很多國人的觀念裡，別說在體制內了，在任何行業，都是要講資格的吧？新人就應該低眉順眼、討好前輩、處事圓滑、不出風頭。似乎只有這樣才能保護好自己，等到媳婦熬成婆的那一天。

我承認，鋒芒太過會給你帶來非常大的阻力，可是，一味低調做人並不是應該排在你人生第一位的事情。那只是一個小小的人際圈裡的事情，需要做，但不該當成最重要的事情去做。而且，其實我不想用低調這個詞，並不是任何人都有資格低調的。真正的低調，是你隨時都有高調起來的資本。如果你沒有高調的本事，那麼你的低調，就會被稱為是窩囊沒本事，或者沒前途。

身為年輕人，我們不要讓自己努力得滿腹委屈，或許這會讓你少一些阻力，但你可能會丟掉一些至為寶貴的東

西。我們需要拿捏好低調與高調的分寸，不該張揚的時候就踏踏實實做老黃牛，該表現的時候也要不遺餘力成為焦點。

大家如果看NBA，或許會知道麥可·康利這個名字。他不像麥可·喬丹那樣傳奇，不像柯比·布萊恩那樣高人氣，不像勒布朗·詹姆斯那樣受上帝垂青。甚至，他從來沒有入選過全明星，即使他是曼菲斯灰熊隊的當家控球後衛；他也從來沒有進入過控衛TOP10的榜單，即使他帶領的球隊是總冠軍的競爭者。

「被低估」，長期以來一直是麥可·康利身上的標籤。

公鹿隊主管戴夫·巴伯庫克的評價是：「麥可·康利有非同一般的運動天賦，是一個傳球第一的組織後衛。這樣的後衛，在那些得分手眾多、成績卻一直無法提高的球隊眼中，就是無價之寶。」而國王隊前主帥麥可·馬龍則說：「麥可·康利是NBA中最被低估的球員之一，他是那種能在攻防兩端都打出高水平比賽的球員。」

「在我的人生中，我一直都被別人排在遠低於自我預期的位置上，」康利自己這麼說，「對於這些，我早已不在意了。」如果你以為他臉上的表情是苦澀與無奈那就錯了，事實上，他的表達是輕鬆而釋然的，甚至帶著感恩的微笑。

在進NBA之前，他原本就是一個低調的人。「我並不想出現在各種排行榜上。」他說。這種平和心境的背後，是內心的強大。可是，人們對這種低調的感覺是他太過於敏感、溫和，以至於被人搶走了所有光芒。從上高中的時候，就是那樣。

康利和格雷格‧奧登這對搭檔在十來歲時就認識了，進入高中以後，強勢的格雷格‧奧登表現出色，已經被公認鐵定進NBA了。但是沒過多久，一件事讓教練傑克‧基夫意識到，康利才是球隊的黏合劑。

那一次，眾人眼中的希望之星奧登有傷在身，打不了比賽，教練在更衣室裡坐立不安。這時候，康利走向基夫說：「教練，我們會拿下比賽的。放鬆些，我們來搞定。」「（康利）以前不飆分，是因為他幫大家助攻。不過那場比賽他必須出手了，他得了38分，打得非常精采，」基夫說，「他確保我們能贏得比賽。」

後來，當奧登向教練詢問應該去哪所大學時，教練的建議是：「康利去哪兒你就去哪兒。」教練說：「高中階段奧登的命中率大概有86%，因為康利助攻太到位了，只要接球扣籃就行了。麥可傳球從容不迫。大個兒球員找到這種傳球的搭檔可相當罕見。每個後衛都想場均30分。康利從來沒有過。」一個人能夠遇上這種搭檔，該是多麼幸運啊！

　　康利就是這樣一個人。控衛被稱為NBA裡最難勝任的位置，在球場上職責很多。他得讓大夥兒高興，還得表現出領導力。為了整個團隊的成功，他不得不一直在「謙讓」與「表現」之間找平衡。面對責難他從來不曾投降，面對質疑從來不曾洩氣，面對機會他也絕對不會放棄。如今，康利「被低估」的標籤已經過時，大家都在期待這位指揮官帶領球隊贏得更加輝煌的戰績。

　　其實，我們這一生就像是在大海裡航行的小帆船，命運就是那神秘莫測的大海。想要安全行駛，就得「豎起桅杆做事，砍斷桅杆做人」。

　　因為帆船前進靠帆，帆又升在桅杆上，桅杆是帆船前進動力的支柱。船沒有了桅杆，就沒有了動力，只能隨著海浪漂泊。可是，由於高高豎起的桅杆會使船的重心上移，降低了船的穩定性，一旦遭遇風暴，就會有翻船的危險，桅杆又成了禍根。所以，為了降低船的重心，必須砍斷桅杆，保持穩定，畢竟保住命才是最重要的。這一生，我們都在不斷地升起船帆與砍斷桅杆之間變換，識時務，成俊傑。

　　試想一下，一個素來謙虛謹慎的人，做出的事情漂亮完美，會在眾人心中留下怎樣的印象呢？那自然是一鳴驚人。

　　所以，為了給自己贏得一個相對安全平和的生長環

境，過於表現自己是不可取的。且淡然平和，微笑看待身邊所有低調高調的人即可。但要想讓他人看到你的能力，認可你的才華，不埋沒於朽木落葉之中，你就絕不能一生都忍耐、掩藏，始終不出手。至於如何在兩者之間取得平衡，運用之妙，存乎一心，是需要每個人用一生去領悟的道理。

劇本寫作

讓你真正感受到自己想要的生活

運用時機

1.當你感到自己毫無鬥志、迷茫之時。

2.當你對未來感到擔憂時。

3.當你被生活中的雜事所糾纏感到十分疲憊時。

練習時間

每週一次或每兩週一次。

特別提示

首先，在開始做這個練習時，請你保持一種輕鬆的心態，並努力讓自己的情緒處於積極的狀態中。

如果你覺得這只是個遊戲，那麼我建議你不要參與這個練習；如果你只是抱著「玩一玩」的態度，那麼這個練習不會對你的生活起到任何作用。

當你準備好了之後，我們就可以開始這個練習了。

練習內容

設想你是一位神奇的作家，或是擁有一套神奇的電腦、記事本，凡你所寫出來的都會分毫不差地實現。

　　你唯一要做的，就是將你想要的情形詳細描述下來。你可以描繪自己未來某一天的情景，也可以是某一段時期的情景，跟隨你頭腦中的想法，你只需要把你心中的真實所想盡可能詳細地寫出來即可。

　　這個練習有助於你更具體地看待自己的願望，同時也更清楚瞭解自己真正想要的是什麼，因而使你感覺到專注的力量。針對一個主題，你關注得越久，注入的細節就越多，你的渴望也會越強烈，付諸的行動也會更多。

　　正是因為這種輕鬆好玩的態度，你能夠維持一種全然不抗拒的專注，因而達成了創造任何事情所需要的完美平衡。

　　如果經常玩這個遊戲，且樂在其中，你會發現遊戲的力量無比強大。你寫下來的事情將開始在人生當中發生，彷彿你就在導演舞台上的一齣戲。

　　這個練習的目的就是要你去感受你想要活出的生活，若你經常反覆描寫和翻看自己的劇本，到了一定的程度，你會發現你所描述的都變成了現實。

Part 2

10000個小時後，成為你想成為的人

這個世界上，沒有成功是偶然的，世界也不曾虧欠每一個努力的人。如果沒有結果，可能是你不夠努力，也可能是你努力得不夠久。勝利女神一直都在尋找那些擁有無限承受能力、並相信沒有什麼是做不到的人。從Nobody到VIP，你需要10000個小時。而在這10000個小時裡，如果屢戰屢敗，請不要失去承受挫折的能力，不要失去再次戰鬥的勇氣，不要自己打敗自己。

1.要想成功，你需要10000個小時

　　美國有位社會學家叫馬爾科姆‧格拉德韋爾，他一生都一直致力於心理學實驗和研究，而且總是在出人意料的領域裡進行研究。有一天他開始琢磨，那些成功的作曲家、籃球運動員、小說家、鋼琴家、象棋選手等，他們是天賦異稟還是另有秘訣？於是他開始下功夫追蹤這些人，然後研究他們。結果，他發現了一個驚人的秘訣，就是「10000小時定律」。

　　那麼，這個定律是什麼意思呢？根據他的研究顯示，在任何領域取得成功的關鍵跟天分無關，只是練習的問題，需要練習10000小時──10年內，每週練習20小時，大概每天3小時。

　　通俗點說，只要你智商在正常值範圍內，你堅持做某事超過10000個小時，差不多10年時間，你就能成為某一個行業

的頂尖人物，就是金字塔最頂層的人。

其實早在20世紀90年代，諾貝爾經濟學獎得主、瑞典科學家赫伯特·西蒙就和埃里克森一起建立了「10年法則」。他們指出：要在任何領域成為大師，一般需要約10年的艱苦努力。這和中國的古語「十年磨一劍」異曲同工。

當然，每天3小時的練習只是個平均數，在實際練習過程中，花費的時間可能不同。20世紀90年代初，瑞典心理學家安德斯·埃里克森在柏林音樂學院也做過一項調查，學小提琴的都大約從5歲開始練習，起初每個人都是每週練習兩三個小時，但從8歲起，那些最優秀的學生練習時間最長，9歲時每週6小時，12歲時8小時，14歲時16小時，直到20歲時每週30多小時，共10000小時。

美國神經學家丹尼爾·列維京（Daniel Levitin）也認為，人類腦部確實需要這麼長的時間，去理解和吸收一種知識或者技能，然後才能達到大師級水平。頂尖的運動員、音樂家、棋手，需要花10000小時，才能讓一項技藝臻至完美。

事實上，「10000小時法則」在成功者身上很容易得到驗證。作為電腦天才，比爾·蓋茲13歲時有機會接觸到世界上最早的一批電腦終端機，開始學習電腦編程，7年後他創建微軟公司時，已經連續練習了7年的程式設計，超過了10000小時。

「10000小時法則」的關鍵在於，10000小時是底線，

而且沒有例外。沒有人僅用3000小時就能達到世界級水準；7500小時也不行；一定要10000小時——10年，每天3小時——無論你是誰。這等於是在告訴大家，10000小時的練習，是走向成功的必經之路。

音樂神童莫札特，在6歲生日之前，他音樂家的父親已經指導他練習了3500個小時。到他21歲寫出最膾炙人口的《第九號協奏曲》時，可想而知他已經練習了多少小時。象棋神童鮑比‧菲舍爾17歲就奇蹟般奠定了大師地位，但在這之前他也投入了10年時間的艱苦訓練。

大畫家達‧文西也是「10000小時法則」的受益者，當初從師學藝就是從練習畫一只雞蛋開始的。他日復一日，年復一年，變換著不同角度、不同光線，少說也得練習10000個小時，打下了扎實的基本功，從最簡單、最枯燥的重複中掌握了達到最高深藝術境界的途徑，這才有了後來的世界名畫《蒙娜麗莎》、《最後的晚餐》。

美國游泳好手麥可‧菲爾普斯，除了手腳特長的天賦異稟，他每天練習8小時，全年無休，這樣持續五、六年，方能締造一人獨得八項金牌的奧運奇蹟。

寫出《明朝那些事兒》的當年明月，5歲時開始看歷史，《上下五千年》他11歲之前讀了7遍，11歲後開始看《二十四史》、《資治通鑑》，然後是《明實錄》、《清實錄》、《明史紀事本末》、《明通鑑》、《明匯典》和《綱目三

編》。他陸陸續續看了15年，總共看了6000多萬字的史料，每天都要學習兩小時。把這幾個時間數字相乘，15年乘2小時再乘以360天，等於10800個小時。這樣在海關工作的他，才能白天當公務員，晚上化身網路作家，在電腦前碼字。

　　所以，想要成功你最少需要10000個小時的付出。聽起來時間很長吧？有點遙遙無期吧？但好消息是，如果你真的做到了，你就肯定成功了。這種有把握的事你不做，把成功寄託在那些「一夜暴富」的事上，不是你傻，就是你太天真。

2.人生想要質變，請先學會量變

我們都知道量變是質變的前提和必要準備，質變是量變的必然結果。這個辯證關係我們從初中的政治教科書上就學過。我相信每個人都懂得量變和質變之間的關係，但是在現實生活中，卻有很大一部分人，並不能真正明白這個道理。

相傳，古代在訓練大力士時，也採用這個辦法。具體是這樣做的：他們會讓小孩子每天抱著剛出生不久的小牛犢上山吃草，這時小牛犢往往並不是很重，孩子們完全能勝任。就這樣，隨著牛犢一天天長大，孩子們的力氣也越來越大，最後，當牛犢長成幾百斤的大牛時，孩子們也練出了力能扛鼎的神力！

人生也是一個不斷累積的過程，你所有的經歷都會成為日後的財富。為什麼每個孩子小時候都要送到學校讀書呢？因為我們生下來是對這個世界一無所知的，需要透過讀書瞭

解更多的知識來增加見識。一個人的知識和閱歷累積到了一定的程度，才會有自己的觀點和思想。

《荀子》中有這樣一句話：「不積跬步，無以致千里；不積小流，無以成江海。」當初從校園走出來，所有的人都懷著滿腔的熱血投身社會中，為了自己的夢想而努力。但是在追逐夢想的過程中，總是會遇到不如意和不順利。慢慢地，大部分人感覺自己的工作碌碌無為，和心目中的夢想相差甚遠。到最後，會有超過80%的人選擇了放棄。而當初那些所謂的夢想，只能隨著時間慢慢消逝。沒有一個人的成功是隨隨便便就能得到的，因此，這大部分人，就成為羨慕別人的人。還有一小部分人，那些堅持下來、默默付出的人，最終量變產生質變，成為大家眼中的「成功人士」。

大學畢業之後，同班同學都奔赴了不同的崗位，在一個城市的我們時不時會出來聚聚，但是方同學很少來參加我們的聚會。有時候，會有同學在聚會中打電話給他，「質問」他為什麼不來參加，他總是在電話那頭抱歉地說：「對不住兄弟們，實在是脫不開身，還在加班呢，你們玩，下次請你們。」等到下次的時候，還是一樣的說法。時間久了，大家都慢慢地開始不叫他，因為知道叫了他也不會來的。

印象中，方同學並不是不合群的人，只是畢業之後，他好像一直很忙碌的樣子。私下我倆單獨聊天的時候，我問過他整天加班累嗎？他的回答讓我覺得很羞愧，他說：「我覺

得我現在沒有資格說累，什麼都不會，還需要學很多呢。」

方同學來自一個小鎮上，他說他的家鄉很貧瘠，他考上大學之後，就成為全家人的希望，家裡人希望他可以走出那片貧瘠的土地。所以上大學的時候，他就很努力，每天除了上課就是兼職，跟我們過的生活完全不一樣。那時候我們都戲言他是「拚命方郎」。

有一次，我籌辦的同學聚會，地點正好在方同學公司附近，就想著叫他一起來。電話打過去，他說你們先玩，我過會兒就過去。說了地址之後，電話就匆匆掛斷了。到晚上十點的時候，他才風塵僕僕地趕到。在大家的抱怨中，他自罰了三杯。因為是週末，大家一直在鬧騰，十二點的時候，一群人還沒有要回家的意思。這時候方同學抱歉地說他要回去了，因為明早要出差，六點的飛機。

方同學離開之後，同學們就開始發表各種看法，有人說他這樣拚命太傻；有人說何苦這樣拚命，這麼久了還不是一直待在初進公司的位置。當然，沒過多久大家就把這事情給忘記了。突然一天，在LINE群裡，有同學說方同學升職了，成為部門經理。這可是我們這幫同學裡唯一一個經理級別的人呀，所以這個消息在群裡炸開了鍋，大家都說他幸運。

理所當然，作為老同學，我給他發了一條祝賀的信息。他回覆我說：你也來調侃我。當時我就覺得，他還是一樣的謙虛。後來，在一次我倆單獨的聚會中，他告訴我，從進入

那家公司之後，幾乎就沒有不加班過，每天都忙到半夜才回家，週末也總會有一天去公司加班。不是他多拚命，是因為他知道笨鳥先飛的道理。他知道自己並不是天才，很多東西都不懂。所以想要有所作為，一定要努力學習，對於整個公司的流程以及每一個營運細節都進行詳細的瞭解。最後，在他醉眼朦朧的時候說：「兄弟，付出總是會有收穫的，時間會帶給你想要的一切。不要急，想要的總會到來。」

他告訴我，在宣布他升職的公司會議上，他的老總說了這樣一段話：「你進公司的時候，資質並不是很好，當初招聘你是因為你的誠懇和好學。但是，你進公司這麼久以來，進步驚人。對於整個公司的瞭解和營運能力，已經達到十幾年老員工的程度。公司選中你作為部門經理，並不是因為你是最聰明的，而是因為你的學習能力是最強的，而且你特別勤奮。我相信你可以帶領這個部門走得更好。」

那時候我還太年輕，現在終於明白，他出任經理一職，並不是因為好運降臨，而是當我們周旋在一個個酒局上的時候，他在努力；當我們週末賴在床上的時候，他在努力；當我們感到他很傻的時候，他還在努力。這所有的努力，成就了他現在的成功。這是一個積累的過程，並不是偶然得來的。我深信他還能走得更遠、更好。

人和人之間的差距是怎麼來的呢？當你覺得跑兩步很累的時候，別人在晝夜不停地練習。所以就有了奧運場上的

觀眾和冠軍的差別；「泰山不讓細壤，故能成其大；河海不擇細流，故能就其深」，這句話能貼切地反映出那些所謂的「天才」和「成功人士」的努力過程。

　　沒有人不願意成功，可鮮有人能夠日復一日堅持做一些看上去無足輕重的事情。然而，這個世界上所有事物的變化發展，都是首先從量變開始的。沒有量變作為前提條件，就不會出現質的變化。量變是質變的前提和必要準備，對於人生來說，一點一滴的積累才能造就與眾不同的精采。

3.選擇，比你的努力還要命

在講這個題目之前，我要先給大家講一個故事。故事是這樣的：

在19世紀的義大利一個小山村裡，有一對堂兄弟，他們很年輕，雄心勃勃想要成為這個村裡最富有的人。

有一天，機會來了，村裡需要雇兩個人把附近河裡的水運到村廣場的水缸裡去。他們倆贏得了這份工作，高興得飛也似的抓起水桶就往河邊跑。一天結束了，他們把水缸裝滿了，也拿到了報酬，每桶水一分錢。

布魯諾高興得手舞足蹈，但柏波羅卻沒那麼開心，他覺得自己的背又痠又痛，手上也起了泡。一想到以後每天都要這麼辛苦，他就害怕。於是，他發誓要想出更好的辦法來賺錢。

想了一夜，第二天早上，柏波羅對布魯諾說：「我有一個好辦法，與其每天這麼辛苦提水，我們不如修一條管道，把水從河裡引到村裡去吧。」布魯諾愣住了：「這是什麼鬼主意？我們有一份全村最好的工作，六個月之後，我就可以蓋一間新房子，忘了你的管道吧。」

雖然努力向好兄弟介紹了管道的好處，可是布魯諾壓根聽不進去。

柏波羅感覺沮喪，但他不是一個容易放棄的人，兄弟不肯配合，他就自己去做。挖管道是一項艱難的工程，他把業餘時間都花在了管道上，還利用了一部分工作時間，收入自然受到了影響，而且幾乎沒有休息的時間，非常辛苦。布魯諾和其他村民開始嘲笑柏波羅，稱他為「管道人柏波羅」。而布魯諾，自然是「聰明的」提桶人，他的收入一直很穩定，生活也越來越好。

就這樣，兩年過去了。在這兩年裡，布魯諾每天都在費力地運水，隨著財產穩步增長，背也越來越駝。由於長期勞累，他的性格也不再開朗。而柏波羅呢？不管多難熬，柏波羅執著地相信，他的付出一定會有回報。這一天終於來了，村民們簇擁著來看水從管道中流入水槽，村子現在有源源不斷的新鮮水供應了！大家都嘖嘖稱奇。

　　管道是柏波羅自己挖的，所以村民要用水，自然要付錢給他。就這樣，柏波羅不需要再工作，水卻源源不斷地流入。他吃飯時，水在流入；他睡覺時，水在流入；當他週末去玩的時候，水還在流入。任何時候，錢都和水一樣，源源不斷地流入柏波羅的口袋。而布魯諾呢？他失業了。

　　這就是管道的力量。你打算花十年時間去修建屬於自己的管道讓水源源不斷地流進來，還是打算花十年時間去每天提著桶裝水回來？

　　故事還沒有結束，看到自己的兄弟特別落魄，柏波羅心裡很難受。就教他建造管道，然後讓他教其他人，直到管道鋪滿每一個村落。

　　許多年過去了。柏波羅與布魯諾早已財務自由，他們到全國各地旅遊的時候，總會遇到提水桶的年輕人。他們就會把自己的故事講給年輕人聽，有些人願意聽，並且立即抓住了這個機會。而大部分人總是不耐煩地拒絕，他們的藉口都是相似的：

　　「我要忙工作，沒有時間。」

　　「我聽說，我認識的一個朋友的朋友試圖建造管道，但失敗了。」

　　「只有那些很早加入的人，才可以從管道那裡賺到

錢。」

「祖祖輩輩都在提桶，我覺得這樣挺好的，不想去挖什麼管道。」

「我聽說有人在管道的騙局中虧了錢，我才不要。」

柏波羅和布魯諾只能為這些缺乏遠見的人感到悲哀。但世界就是這樣，敢於作夢並且獲得成功的，永遠都只是一小部分人。絕大多數人，都在提桶，在忙碌的工作中，以戰術上的勤奮來掩蓋戰略上的懶惰。

很多人會覺得，一分耕耘一分收穫，我勞動賺取報酬，有什麼問題嗎？問題是，如果你不拿出時間來交換，就不會再有收入。假如你生病了呢？你被解雇了呢？你還能得到報酬嗎？假如你就像布魯諾一樣突然失去了工作，這時候你該拿什麼養活自己和家人？

不管你年收入多少，都會面臨這一問題。我認識一名牙醫，她自己開了家私人牙醫診所，由於技術優良，收費合理，診所的名聲很好。毫無疑問，跟很多人相比，她的收入相當不錯，所以生活水準也相當高。可是，四十歲以後的某一天，她一忍再忍的關節炎疼到了難以忍受的地步。然後被醫生告知，她的肩周炎和關節炎已經極其嚴重，不能再繼續工作了。她的收入驟然下降。雖然有以往的積蓄在，可是坐吃山空的日子，讓她極度

焦慮。

　　所以，無論我們從事什麼工作，只要是「提桶」性質的，都很難給我們真正的財務自由。而只有「管道」，能夠給我們帶來持續的收入，給我們帶來極大的安全感。所以，該怎樣選擇呢？今天的生活現狀，是昨天思考和選擇的結果。未來十年的時間裡，你是願意繼續幹一天的工作拿一天的錢，還是建設管道為自己帶來真正的保障？或者找個正在「建管道」的公司，然後等待某一天與它共同分享成功的喜悅？選擇的權利，在你自己手裡。

4.你是哪塊料，就往哪個方向努力

　　你從各種各樣的書裡都能看到，人是有無限潛能的，我們要做的就是發現自己的天賦，發掘潛能，從而實現人生的最大可能。可是，我該怎樣發現自己的天賦，如何發掘自己的潛能呢？

　　潛能是個非常寬泛的概念，你有很多潛能，成長潛能、學習潛能、工作潛能、自我調節情緒的潛能，或者有一天你為人父母時會發現自己的育兒潛能，等等。但這裡我有強調的重點，主要說工作潛能，或者說是狹義的天賦。

　　首先我要給大家潑冷水，你極有可能這輩子都未能發現自己的潛能，這很正常。你需要有這個心理準備。比如，假如一個人在鋼琴方面非常有天賦，可是他出生在貧窮山區，長大以後到城市裡做建築工人，賺了點錢又回家蓋房子、娶老婆、生孩子、開了間小店，這輩子他可能都不會有機會摸

到鋼琴，那他就永遠不可能發現自己在音樂方面的天賦。

　　而且，拜某些教育理念所「賜」，年少時候我們表現出來的某些「不恰當」的天賦，有可能會被扼殺在萌芽狀態。這樣的例子簡直太多了，所以未曾成功的人都可能是潛在受害者。而成功者寥寥無幾，但幸好還是有的。

　　漫畫家朱德庸大家都不陌生，在看他那些或犀利或溫情的漫畫時，大家恐怕不會想到他小時候多麼不受學校歡迎。老師們都說他笨，他像個皮球一樣被許多學校踢來踢去，就連最差的學校也不願意招收他。後來他才知道，不是自己笨，而是自己天生對文字反應遲鈍，但對圖形很敏感。所以他語文學不好，但是畫畫很好。

　　幸好，他的父母很開明，不給他施加壓力，任他自由發展。後來朱德庸回憶說：「如果我的父母也像學校老師一樣逼我學習，那我肯定要死。」「每個人都有天賦，但是有些人的天賦被他們的家長或者被社會的習慣意識遮蓋了，進而就喪失了。」

　　由於自己童年的經歷，朱德庸對天賦這個東西深有感觸，他這樣說過：「我相信，人和動物是一樣的，每個人都有自己的天賦，比如老虎有鋒利的牙齒，兔子有高超的奔跑、彈跳力，所以牠們能在大自然中生存下來。人也是一樣，不過是很多人在成長過程中把自己的天賦忘了，就像有的人被迫當了醫生，而他可能是怕血的，那他不會快樂。

人們都希望成為老虎，而這其中有很多只能是兔子，久而久之，就成了四不像。我們為什麼放著很優秀的兔子不當，而一定要當很爛的老虎呢？」「社會就是很奇怪，本來兔子有兔子的本能，獅子有獅子的本能，但是社會強迫所有的人都去做獅子，結果出來一批爛獅子。我還好，天賦或者說本能，沒有被掐死。」

不是所有人的天賦都能存活下來，這個社會通行的成功準則，讓我們不得不關注語言天賦、數字天賦、創造天賦等。我想要提醒大家的是，天賦是多種多樣的，你擁有的未必是你想要的，而你想要的未必能擁有。假如當你發現自己的天賦並不那麼「現實」時，你可能也要做出取捨。

大家如果讀過毛姆的《月亮與六便士》，或者知道保羅‧高更的故事，可能對天賦的魔力深有體會，那是上天對你的召喚，某種逃無可逃的命運。可是，我們絕大多數人恐怕不能也不願意感受到那種魔力。當你感受到那種魔力的時候，有沒有勇氣跟隨自己的心呢？那是另外一個問題了。

高中文理分科的時候，有多少酷愛文學的男生因為「未來更好找工作」而選擇了理科，大家應該很清楚吧？所以我見過很多人，他們明明有很強的語言天賦，可能寫出引人入勝的小說，但是卻在苦苦學習考會計師。

當然無論是誰，大家都更希望能夠挖掘出自己的天賦吧。我知道很多人都喜歡看星座、屬相、性格分析、職業傾

向測試以及塔羅牌等算命手段，希望能給自己一些指引。只可惜，不管是蓋洛普優勢、人格測試、MBTI，都會受到我們心境、當時環境以及題目誘導的影響。

這些測試靠不靠譜且不說，我想說的是，假如你不肯花時間瞭解自己，而是寄希望於外界的暗示和一些數字機率給自己貼標籤，你是很難成功的。因為你太容易受影響，意志也很容易動搖。

想要給自己定位，關鍵還是要在日常生活中去尋找、發現自己的天分。所謂天賦，就是你能輕鬆學會、愉快完成的事情。當然，這個「輕鬆」是相對而言的，要跟別人比、也跟自己比。比如，有的人花了兩個週末就能上高級賽道滑雪，而你花了兩個月每週末都去學，還是在初級賽道上不停地摔跟頭。這說明，你的運動天賦可能是不那麼強的。也許你花費更多的努力可以有所提升，但不建議你把它作為自己人生的主要內容。我們來到這個世界的使命是自我實現，原本你就是棵蘋果樹，為什麼非逼自己結出梨子呢？

尋找天賦的時候除了跟別人比速度，更要跟自己比。這個世界上有些人是神一般的存在，你幾乎沒法跟他比。為了不讓自己的存在顯得毫無價值，你最好跟自己比。看看自己在學習哪樣東西的時候相對而言比較快、比較感興趣。回顧自己的人生，想想你曾經因為哪些方面被讚揚過。這些都可能是你的潛能，你可以把它們記下來，列出一張清單。

　　接下來最重要的，就是去嘗試了，把潛能變成顯能。你要把自己可能會有的天賦羅列出來，試著認真去學習，然後說不定你就會發現自己是那塊料。當然，也有可能試了以後發現自己並不擅長，那就做減法好了。

5.種下一個好習慣，收穫一個好結果

習慣這個東西，某種意義上就像空氣一樣，你經常意識不到它的存在，雖然它無比重要。

你為什麼相信明天太陽會照常升起？

英國哲學家休謨說，這是因為人類的習慣使然。當我們日復一日年復一年地看到太陽的升落，在心中形成了一種習慣，相信太陽每天會照常升起，哪怕明天太陽可能爆炸！

習慣就是這樣可怕。培根曾說：「人們的思想大半取決於他們的傾向，他們的言談話語取決於他們的學識和所吸收的見解，但是他們的行動卻遵循平日的習慣。」

習慣支配著人的絕大多數行為，它可以幫你成功或是讓你失敗。於是就誕生了這樣一句我們耳熟能詳的話：「播下一個行動，收穫一種習慣；播下一種習慣，收穫一種性格；播下一種性格，收穫一種命運。」

你和我，都在不知不覺中養成習慣，也在不知不覺中造就或阻礙自己，這就是習慣的力量。我們身上那些根深蒂固的習慣，就如同一棵大樹，它會對你產生巨大的影響。在習慣由幼苗長成參天大樹的過程中，一次一次地被重複，存在的時間越來越長，也就越來越難以改變，牢固而忠誠緊緊跟隨著你。所以，對於身上的壞習慣，一定要及早發現，及早去除。對於想要擁有的好習慣，就一定要耐心澆灌，讓它成長為參天大樹。

美國德克薩斯州的石油大亨保羅·蓋蒂曾經是個菸鬼，而且是個大菸鬼，菸抽得非常非常凶。有一次，他度假開車經過法國，天降滂沱大雨，開了幾小時車後，他在一個小城的旅館過夜。吃過晚飯，疲憊的他很快就進入了夢鄉。

凌晨兩點鐘，保羅醒來。他的菸癮又犯了，很想抽一根菸。打開燈，他自然地伸手去抓睡前放在桌上的菸盒，不料裡頭卻是空的。他下了床，搜尋衣服口袋，毫無所獲；他又搜尋行李，希望能發現他無意中留下的一包菸，結果又失望了。這時候，旅館的餐廳、酒吧早關門了，他唯一可能得到香菸的辦法是穿上衣服，走出去，到幾條街外的火車站去買。

越是沒有菸，想抽的欲望就越大，有菸癮的人大概都有這種體驗。保羅脫下睡衣，穿好了出門的衣服，在伸手去拿雨衣的時候，他突然停住了。他問自己：「我這是在幹什

麼？」

　　他站在那兒尋思，一個所謂的商界精英，相當成功的商人，一個自以為有足夠理智對別人下命令的人，竟要在三更半夜離開旅館，冒著大雨走過幾條街，僅僅是為了得到一支菸。這是一個什麼樣的習慣，這個習慣的力量有多麼強大啊？

　　沒過多久，他下定了決心，把那個空菸盒揉成一團扔進了紙簍，脫下衣服換上睡衣回到了床上，帶著一種解脫甚至是勝利的感覺，幾分鐘就進入了夢鄉。

　　從此以後，他再也沒有抽過香菸。再後來，他的事業也越做越大，成為世界頂尖的富豪之一。我有時候會想，自己之所以還未能成為頂尖的商業人士，可能就是自己還沒有戒掉某些壞習慣，未能養成某些好習慣吧。

　　大家坐飛機的時候，可以觀察一下像我這個年齡的人群，也就是30歲到40歲。你會發現一個很有趣的現象，頭等艙的人往往是在看書，而商務艙的人大多數是在看雜誌、用筆記型電腦、iPad辦公，經濟艙的人則看報紙、看電影、玩遊戲和聊天的比較多。到底是人的位置影響了行為，還是行為影響了位置呢？我願意相信是後者，而且我認為閱讀毫無疑問是個好習慣。我和那些更成功的人之間，差的可能就是這種好習慣。

　　總結成功人士的特質時，我們可能過於在意他們表現出

來的天賦、智商、魅力和工作熱情，而忽視了「習慣」這個重要特質。別人比我們更為出色的原因，可能只是因為好習慣多一些。

不過，無論多麼好的思想、多麼好的品質、多麼好的原則、多麼好的理念，我們「知道」是一回事，但我們是否真正能「做到」則是另一回事。從「知道」到「做到」，這中間隔著一條很寬很深又很湍急的河，必須架起一座橋梁，這橋梁便是馬上行動起來，並堅持下去。

但話又說回來，到底哪些是好習慣，哪些是壞習慣，並不是一概而論的。

比如，大家知道比爾・蓋茲與麥肯錫都是大富翁，但這兩個人對飛機座位的選擇習慣卻完全不一樣。麥肯錫只坐頭等艙，他認為：「在頭等艙認識一個客戶，就能給我帶來一年的收益！」而比爾・蓋茲更習慣選擇經濟艙，他的理由是「頭等艙並不比經濟艙飛得更快」。顯然，價值判斷和價值選擇往往會因人而異。他們倆誰的習慣更好呢？很難說，各有各的道理。

所以我想說的是，習慣是分類的，有些習慣是顯而易見的好習慣，比如飲食均衡、早晚刷牙、愛好學習；有些習慣是明顯的壞習慣，比如抽菸、愛吃垃圾食品。但有的習慣並沒有好壞之分，它們好不好也是相對而言的。比如網購，它可以幫你節省時間和金錢，也可能讓你浪費更多精力和金

錢。所以這一類習慣，要看大家如何把握。

　　而且，除了培養良好的生活習慣之外，我希望大家能夠根據自己的職業、未來的發展走向來確定自己應該有哪些工作好習慣，並且盡力去養成。幸運的是，我們每個人都有這個能力，你可以做到。

6.一天又一天，成功的DNA就會植入你的體內

　　一個習慣的養成，說起來容易，做起來真難。但不管你是想要養成一個好習慣還是需要改掉一個壞習慣，都可能成功，只要你有意志力。

　　說得具體點，習慣的養成如同紡紗。一開始，它只是一條細細的絲線，隨著我們不斷地重複相同的行為，就好像在原來那條絲線上不斷纏上一條又一條絲線，最後它便成了一條粗繩，把我們的思想和行為給纏得死死的。養成一個習慣，就是不斷纏繞的過程。它可能會讓你覺得很煩、很枯燥、很困難。

　　在這種備感壓力的狀態下，你需要做的只是堅持、重複。想知道重複的力量有多強嗎？看看廣告就知道了。雖然你和絕大多數人一樣，對廣告有一種天然的警惕和防備心理，但是那每天播放的廣告，一再重複，在你的潛意識裡植

根，當你下一次購物時，它就會發揮自己的強大功效了。

　　同樣的道理，你想要養成的這種好習慣，也可以像廣告一樣，在一再的重複中，它也能夠成功進入潛意識，深入你的骨髓，融入你的血液，寫進你的DNA，開始為你服務。

　　也就是說，你必須有意識地、更多地重複你所希望養成的習慣。至於需要多久，這取決於你原本有沒有與這個新習慣相對應的舊習慣，以及這個舊習慣持續了多久。假如這是一個全新的好習慣，相對而言更容易養成。但假如原本有另一個習慣，你需要用新的習慣代替，比如用早起來取代睡懶覺，它的難度相對而言會大一些。道理顯而易見，舊習慣會發揮它的力量，給你阻力。

　　在實際生活中，我們用新習慣替換舊習慣的過程是這樣的：你的意識告訴你，要改掉舊有的壞習慣，要用新的、更正面的、更有價值的好習慣來替代它。但這種想法，一開始，只能停留在意識層面，它還不夠強烈，還不足以進入潛意識。

　　而與此同時，那些舊有的習慣是潛意識的表現，它的力量要遠遠強於你想要輸入潛意識中的新習慣。於是，當你用意識的力量強制自己去接受新的好習慣時，其實是在強迫自己的潛意識，於是你當然會感到莫名的不自在、不舒服。而一旦當你放棄新習慣，回到舊習慣時，會感到特別自然，就是這個道理。因此，在用好的新習慣替換壞的舊習慣的過程

中，我們必然會經歷一段掙扎，會有一段不適的時期，這是意識和潛意識協調交涉的時期。在這一時期，你需要做的只能是堅持再堅持，直到把新的習慣成功輸入潛意識。

比如，我擠牙膏從來都是隨手拿起來就擠，二、三十年了一直如此。然而我太太耳提面命，擠牙膏要從底部開始，我就始終記不住。就連擠牙膏這種小事，由於是從小到大十幾二十年培養出來的，也很難改變。所以大家不要期望透過幾次短訓就可以完全「解雇」這個壞習慣。新習慣的養成需要時間，很多時候，它需要的時間同培養舊習慣的時間成正比。所以，別著急，在一再的重複中，慢慢地，新習慣才會替代舊習慣。

至於這個過程到底需要多久，相信大家聽過一個說法，21天就可以。現在我要殘忍地告訴你，恐怕你把問題想得太簡單了。這一理論源於一位整形醫學專家馬克斯·威爾·馬爾茲博士的著作《心理控制術：改變自我意象，改變你的人生》。但他的原話是說，那些截肢患者需要花21天才能適應新的自己，習慣截肢後的狀態。可是，我們能花21天時間接受自己新割的雙眼皮，不代表我們花21天時間就能戒掉菸。

而倫敦大學的研究告訴我們——是的，你想得沒錯——養成一個習慣需要比這久得多的時間。雖然21天聽起來簡單易行，讓你很容易接受，給自己心理暗示去改變一個習慣。但實際上，養成大部分的習慣需要超過21天，而且它很大程

度上取決於人和習慣本身。那些意志力強的人，甚至只需要一個決定；而意志力薄弱的人，會需要更久。

而且，顯而易見，晨起喝一杯水這樣的習慣，比睡前做100個仰臥起坐這樣的習慣，更容易養成。而且，對有些人來說，早起是個很容易養成的習慣，但對有些人來說簡直是「要早起，毋寧死」。所以，明確告訴你養成一個習慣需要多少天，顯然是比較困難，也是不負責任的。

不過，研究人員還是希望能夠得到這樣一個數字，畢竟這會讓我們更有希望，「××天」比「總有一天」看上去更容易實現。雖然只有96名研究對象，研究規模並不大，不過倫敦大學好歹給了我們一個數據。

結果是，平均66天左右，我們可以養成一個好習慣或是戒除一個壞習慣。這取決於你自己的意志力以及習慣的難度。還有一個好消息是，偶爾漏過一天並不需要從頭開始計算。不過，由於過程頭幾天影響最大，所以在開始階段最好能夠嚴格要求自己。如果一開始就三天打魚兩天曬網，那就比較麻煩了。

不管是多少天，在這個養成習慣的過程中，我都有一些建議給你：

由於我們感性的情感，其力量遠比理智的強迫大，所以讓自己在做的時候不要太過痛苦，多去想它的好處，盡可能讓自己更加愉悅；

遠離一切可能讓你誘發壞習慣的地方、時間、人物；

把你的計畫和打算寫下來，並且要向你的家人朋友宣布，既給自己壓力，也讓他們監督；

盡量不要試圖一夜之間讓自己的生活舊貌換新顏。我的意思是，不要試圖一次改掉很多壞習慣，那樣的難度比較大，若非你有足夠意志力，很難做到。

總而言之，關鍵就二字：堅持。只要你開始做，並且一天一天堅持下去，就不會有什麼習慣不能養成或戒除。

7.願景的驅動力，讓你離成功更近

多年以前，我見過一位女性朋友的相簿，她說這是她的夢想檔案，現在裡面放了六張圖片：第一張是婚紗照，第二張是一朵美麗的鮮花，第三張是加勒比海一個島嶼的照片，第四張是一個女孩大學畢業的照片，第五張是一位公司女總裁的照片，第六張是一位頭戴碩士方形帽的女士的照片。這就是她想要達到的人生目標，她用一張張照片將它們描述出來了。

我覺得她這種做法特別好。想要蓋一座大廈，第一步要幹什麼？誰見過哪一座樓不經過設計藍圖就蓋的？把自己渴望的東西視覺化，讓它變成一幅切實可感的「藍圖」，那就是真的「願景」了，它們就變得離你更近。否則，虛無縹緲的「想法」，很難激發出你的鬥志。

所以，如果你整天只是對自己或是對別人說「我渴望

成為世界上最成功的人」，但卻不清楚自己接下來要做些什麼，那麼只能是作白日夢而已。因此，從現在開始，就是現在，拿出一張白紙來，塗畫下自己的「生活核心」「生活次重心」，讓來源於內心深處的聲音牽引手中的筆，一筆一畫，將這份願景勾畫出來，它能幫你更好地保持鬥志。

我剛開始工作的時候，公司同時招了三個實習生，我、馬麗和高彥。那是家大公司，但我們只能從最基層做起。當時年輕，感覺大材小用，工作無聊。於是我們三個人常常在一起抱怨工作的無聊、主管的吹毛求疵、在大城市生活的艱辛，偶爾也會聊聊人生理想。

馬麗是個女孩，她的理想很簡單，嫁一個有北京戶口、五環以內付得起頭期款的人。高彥希望自己賺很多錢，至於多少，當然是越多越好。我希望三年之內做到經理，五年之內做到總監。在當時的我們看來，總監還是一個高不可攀的職位。

接下來，我們各自的人生是這樣的：馬麗在第二年的時候經過介紹，相親認識了一位符合她條件的男人，很快就嫁了，換了一個離家更近的工作。

而高彥在第三年的時候，也換了份工作，理由是三年了都沒有給他加薪，而且工作太忙碌也沒有時間兼差賺外快，他打算找一家更有錢途的工作。於是他跳槽去了一家小企業，給他的薪資是要高一些。

　　而我呢，我很明確自己要什麼，知道這家大公司可以教我學會更多東西，也可以給我平台。所以不管有沒有加薪，也不管工作多基層多忙碌，我一直在抽時間學習各種技能和知識。在那三年裡，我經歷過一個人單獨做七個專案、一週七天都在加班的狀態。但與此同時，我的專業能力和薪水也在節節攀升。於是從專案經理、部門經理，我開始逐步升職。工作的第五年，我如願當上了總監。雖然後來我還是離開了那家公司跳槽去了別的地方，但對我來說，這段經歷是非常難忘的。

　　現在，我在一家大型公司任職，繼續著我的人生規劃。而馬麗，我們聯繫已經不多，每次聯繫聽到的都是老公如何不心疼自己、婆媳關係如何煩人、公司同事如何庸俗。而高彥，多年來在不停地跳槽。我不知道他的收入怎樣，但從衣著打扮和代步工具來看，他的經濟狀況並不如意。

　　依然在路上的我，並不是想炫耀自己有多成功，只想告訴大家：你的願景是否足夠清晰明確，對其是否能夠實現有重要影響。馬麗的理想我不認為有多高大上，但足夠具體，所以更容易實現；而高彥的「有很多錢」就太虛無縹緲了。

　　至於我自己，只有我自己知道那些年吃過的苦，但是，是那個清晰而堅定的願景，它一直給我力量。它讓我在迷茫氣餒的時候能夠腳踏實地繼續堅持，讓我努力在人生特定階段做特定的事情，不盲目求快，不貪多，一步步給自己走出

了一個未來。

　　所以，我在這裡也想給大家一個建議，把你的目標，具體化成一張張清晰可見的願景圖。然後把每天翻看願景圖培養成自己的習慣，這樣就能夠激發出自己的鬥志，有效地提高大腦的緊張情緒。那麼，大腦就會時常想著要跨越你的現狀和願景之間的鴻溝，這是多麼美妙的事情，也是多麼強大的力量。因為美國心理學家奧里森·斯威特·馬登（Orison Swett Marden)說過這樣一句話：「無論我們希望獲取什麼，都應該首先把它深深地印在心裡。這是心理學中的一個原則。」

　　需要強調的是，你要經常用這個願景圖來激勵自己。我曾經跟一個小伙子講過這個道理，聽完之後他非常興奮，當天晚上就發郵件告訴我，說自己已經把人生目標勾畫出了詳盡的藍圖，並打算為之努力。希望我能夠看一下，提點意見。我看到他的願景圖寫得很詳細，包括時限和想達到的結果都一目瞭然，計畫做得也很周密。於是我回信告訴他這個計畫很不錯，希望他能夠執行下去。

　　但是幾個月後，當我詢問他計畫進行得怎麼樣時，他卻不好意思地說，自己已經放棄了。我很奇怪，問原因，他回答說：「最初描繪願景圖的時候很興奮，可是沒過幾天，當這種興奮的感覺退去後，就漸漸失去毅力，又回到原來的行為方式和生活軌道上，原來制訂的願景圖就慢慢淡忘了。就

這樣，我的生活照舊。」

瞧，道理很多人都明白，可就是做不到。之所以出現這樣的情況，很大一部分原因在於內在動力不夠強、外在刺激也不夠強。當你對願景的渴望不夠強烈的時候，就需要借助外在的刺激，透過每天溫習你的願景圖來激勵自己，這樣才能避免回到得過且過的狀態。

最後，我要再次強調，我們渴望的東西，一定要明確，最好能視覺化，最好是可觸摸、可感覺的。這樣的「願景」，才會更能刺激你的鬥志。在以後漫長的實施過程中，經常翻看，明確你想要什麼，現在該怎麼做，你就會激發自己全身的力量駛向目的地。

8.你的圈子更好，你就會更棒

假如給我們足夠長的時間，也許每一個人都有可能擁有蓋茲或者巴菲特那樣的財富。只可惜，上天給每個人的時間都是有限的。在這短暫的一生中，想要盡可能地實現自我，效率是一定要強調的。

所以，如果要學習，你要盡量選擇跟隨頂尖的人士學習。你跟什麼人接觸，想法就會跟他接近，所以一定要仔細地選擇你所接觸的對象，因為這會節省你很多時間。想想看，假如你跟一個花了30年才成功的人在一起，你可以學習他的經驗教訓，自己是不是相當於有了將近30年的經驗？

人的能力是有限的，我們肯定有許多知識未曾掌握或者根本無法瞭解 ，透過與智者同行，拜強者為師，大家可以獲得意想不到的信息，得到許多寶貴的經驗。

這種對時間、精力的節約，並不限於已經成功的人，還

包括那些非常出色的同齡人，甚至是晚輩。年齡沒有關係，目前的成就也沒有關係，有關係的是他們是否足夠優秀，是否能夠成就你。

Dropbox的創始人德魯·休斯敦（Drew Houston）在麻省理工學院演講時，向大學生提出了3點人生建議，其中一點是：「只和出色的人在一起，不浪費生命的每一天。」他有一段話講得很精采，在這裡跟大家一起分享：

「許多人都說，人們通常只與5個人在一起的時間最長。想一想，誰是你圈子中的這5個人？我得出了一些好消息：對建立圈子來說，麻省理工學院是全球最好的場所。如果我沒有來到這裡，我就不會認識史密斯，不會遇見出色的合作者，也不會有Dropbox。

「我學到的一點是，周圍人的出色與自己的才能和努力同樣重要。如果麥可·喬丹沒有加入NBA，他周圍的5個人都來自義大利，那麼將會怎樣？你的圈子使你變得更好，正如史密斯對我一樣。

「你的圈子中將會加入你的同事和周圍所有人。你生活的地方很重要：全世界只有一所麻省理工學院、一個好萊塢、一個矽谷。這不是巧合：無論從事什麼工作，通常只有一個地方能吸引頂尖人才。你需要去那裡，而不是其他地方。見到我的偶像並向他們學習，這給了我巨大的優勢。你的偶像需要成為你圈子的一部分，請跟隨他們。如果下一件

大事將在某處發生，請立即前去。」

所以，就是這樣。正所謂「跟著蒼蠅進廁所，跟著蜂蜜找花朵」，你是誰並不重要，重要的是你和誰在一起。一根稻草不值錢，綁在白菜上，就是白菜的價錢，綁在大閘蟹上，就是大閘蟹的價格。讓你的圈子變得更好，你也就變得更有價值了。

正所謂物以類聚，人以群分。雖然這樣說有些絕對，但我看到你有什麼樣的朋友，大概能猜到你有什麼樣的未來。而且，那些與你相處時間最多的5個人，或者說與你關係最親密的5個朋友，他們的月收入平均數，基本上也就是你的收入。為什麼呢？人就是一個圈子動物，我們幾乎都只會與自己同一層次的人交往，那讓我們更踏實，也更有安全感。

可是，現在我告訴你，要多跟更出色的人、更高層次的人來往，讓你的圈子充滿更多能量。可能你會說，我認識很多人，其中不乏名流大腕。可是，不管你有多少人脈，朋友遍天下，但是真正影響你、驅動你、左右你的，也就是經常在你身邊的那幾個人，屈指可數。他們對你的影響是潛移默化的。所以，不但要和優秀的人來往，而且還要經常來往，彼此之間最好能有互動，讓這種影響力能夠發揮更大的作用。

在這一點上，猶太人做得尤其好。猶太人有句格言說道：「大多數人是帶著未演奏的樂曲走進了墳墓。」他們認

為，富人之所以會富，是因為他們有一套自己的致富方法。只要掌握了致富的要領，我們也會變得富有。如果你經常接觸富人，就有機會當富人。擁有一個富人的思維，向富有的人學習他們的經驗，和他們靠攏，你會得到很多啟示和發財的機會；而如果你在窮人堆裡，你除了學會怎麼樣節儉之外，是什麼都得不到的。所以猶太經典《塔木德》主張，一個人要和那些優秀的人接觸。

還有一位著名的猶太聖人拉比納坦曾經說過：「一個人進了香料行，雖然，這個人什麼也不買，也未從商店取走了什麼，但是香味卻已附著在他的衣服上，一整天也不會消去。但如果一個人走進皮革商店，即使他什麼也不買，什麼也不拿，他的衣服也會變髒，壞的氣味整天都會附在他的衣服上，久久不散。」

這和我國古代經典《荀子》中的「蓬生麻中，不扶而直，白沙在涅，與之俱黑」不謀而合。生長在麻叢中的蓬草，不用人扶持，自然會筆直；白色的細沙混在黑土中，也會跟著一起變黑。

可能原本你很優秀，但是由於周圍那些消極的人影響了你，使你缺乏向上的動力，喪失前進的毅力，從而變得俗不可耐。正所謂「畫眉麻雀不同嗓，金雞烏鴉不同窩」，這也許是潛移默化的力量和耳濡目染的作用。

只可惜，很多人會對眾星捧月的感覺相當陶醉，的確，

這對虛榮心是極大的滿足。可是，你要這虛假的虛榮心做什麼？在你的朋友圈中，如果你是最成功的那一個，那只意味著，你不會更成功了，你該換一個環境了，因為這個環境已經不能再讓你進步。

9.每一次「蛻皮」，都是一次成長

大家應該知道，蛇和許多節肢動物、爬行動物會定期蛻皮：舊的表皮脫落，再慢慢長出新的表皮來代替。通常，每蛻皮一次，這些動物就長大一些。等到蛻皮幾次之後，這些動物就基本成熟，獲得了完全依賴自己生活的能力，可以保護自己了。

也許人類無法理解蛻皮這個痛苦的過程，把原有的皮脫掉本身就是疼痛難忍的，在新皮長出來之前，往往還要面臨著行動不便、無法捕食的危險，甚至無法抵禦天敵的侵襲。因此每一次蛻皮，都是一次生與死的考驗。但是事實上，我們人類的成長又何嘗不是在一次次蛻皮呢？

曾經的目標、曾經的成就、曾經的進步，後來，也許會成為你的束縛。丟掉它們，超越它們，你將再次獲得新生。蛇經過蛻皮的痛苦過程之後，換來的是新生，是更強壯、更

成熟的生命。人也一樣，我們在不斷的努力進取、自我否定過程中，不斷進步。

　　一個階段性目標的達成、一次超越自我的成功，就是一個墊腳石，不必高看它。只要一小塊一小塊把它墊在腳下，既為自己開闢了登上高峰的路，也為後來人留下了上山的路。到達一個高峰後，要趕緊下來，重新向另一座高峰攀登。要是得到了小小的成功就止步不前，哪裡還能得到更大的成就呢？

　　只可惜，我們多數人的危機，不在於把目標設得太高所以沒達成，而是把目標定得太低並且順利達成。

　　有一位名叫斯爾曼的青年，生活在倫敦。很不幸，他的一條腿患上了慢性肌肉萎縮症，走起路來都很困難，成了我們口中的一名殘疾青年。可是，這絕對是一位身殘志堅的青年，憑著堅強的毅力和信念，他創造了一次又一次令人矚目的壯舉：19歲時，他登上了世界最高峰珠穆朗瑪峰；21歲時，他登上了阿爾卑斯山；22歲時，他登上了吉力馬札羅山；28歲前，他幾乎登上了世界上所有著名的高山。

　　就在他成為勵志典範的時候，28歲那年的秋天，他卻突然在寓所裡自殺了。已經功成名就了，為什麼他會選擇自殺呢？原來，在他11歲時，他的父母在攀登吉力馬札羅山時不幸遭遇雪崩，雙雙遇難。而偏偏父母臨行前，留給年幼的斯爾曼一份遺囑，希望他能像父母一樣，一座接一座地登上世

界著名的高山。在年幼的斯爾曼心中，這就是支撐他活下去的勇氣。

而現在，他終於登上了幾乎所有著名高山，已經完成了父母的遺願。我們可以看到他的遺言是這樣寫的：「這些年來，作為一個殘疾人，創造了那麼多征服世界著名高山的壯舉，那都是父母的遺囑給了我生命的一種信念。如今，當我攀登了那些高山之後，我就感到無事可做了……」

你瞧，斯爾曼把父母的遺囑作為他人生奮鬥的目標，所以能夠創造一個又一個奇蹟。可是，當他全部實現這些目標時，就感到前所未有的空虛和絕望，甚至連生命都放棄了。

講這個故事，我並不是想要強調目標的重要性，而是想說，生命的意義，不僅在於實現人生目標，更在於不斷提升人生目標。

在我們的成長過程中，一般情況下，或快或慢，都是在進步的。在這個過程中，我們要經常審視、重新評估自我，並且調整目標、增加自己的期望值。假如你的十年目標只用了五年時間就完成了，是不是意味著從此萬事大吉可以高枕無憂了？不是的，我們的人生需要目標才能更有活力，這時候你就需要調高目標了。

二十年前我讀高中的時候，一萬塊錢對我來說就是個天文數字，我會想「什麼時候我能成為萬元戶啊」。十年前我已經工作了一段時間，一萬塊錢已經有了，但十萬塊錢的存

款對我來說還是不少的，我希望早日能夠擁有自己的第一個十萬。現在呢？現在我已經不會把一百萬作為目標了，它在很多城市連個買房頭期款都不夠。

我想說的是，你在成長，所以十年前的你和現在的你，對自己的期望應該是不同的。假如這個期望不能隨著你的成長一起調整，那就會阻礙你的進步。

我曾經跟一位新來的同事聊過一次天：「你到這裡多久了？」「將近三個月了。」他回答。「你覺得怎麼樣？你喜歡你的工作嗎？對我們的辦公程序熟悉瞭解嗎？」「我很喜歡現在的工作。」「你現在的薪水是多少？」「月薪四千。」「你對現在的狀況滿意嗎？」「很滿意，謝謝你。」但是我認為，一個年輕人不該滿足於月薪四千，他應該有更高的追求。

在你精力充沛的人生階段，如果沒有良好的狀態，那這一輩子估計也就不過如此了。趁你仍然有激情和憧憬，好好珍惜你的大好年華，好好珍惜你的才能和潛力，不斷挑戰自己，開始奮鬥吧。否則，等到激情和夢想損失殆盡的時候再枉自嘆息，又有何益？

我們周圍的許多人，在取得一定成績、完成了階段性目標以後，總是傾向於認為自己目前的工作已經很不錯了，不需要再做進一步的完善。我們得承認，在他不斷進取的這段時期，他們的確表現不錯。但假如就此止步不前呢？那麼他

們很快就會失去自己的優勢。

　　時間在一刻不停地往前流動，你不能跟隨它，就只有被它拋下。或者，隨波逐流，越來越平庸。而一個平庸的你，靠什麼抵禦環境的變化？靠什麼保持自己的優勢？又靠什麼應對人生的挑戰與變動？關注自己的進步，提高自己的期望，追求更好的自己吧，上天必定不會辜負你的努力。

10.即使沒有一盞燈為你亮起，你也要照亮自己

我們常常滿懷希望，但不一定每次希望都會變成美麗的現實，所以我們也常常失望，甚至絕望。你可能與夢寐以求的大學失之交臂，心儀的愛人久盼未遇，浪漫的相戀不曾成婚，夢寐以求的工作不肯給你offer，升職加薪的名單上沒有你，做了一次又一次的實驗沒有結果，談了一次又一次的客戶不肯成交……面對這些失望甚至絕望，我們需要有再等一下的耐心，哪怕下一刻等待我們的仍然是不見起色的結局，但至少我們收穫了沉甸甸的閱歷，它將成為我們人生中不可重現的財富，就是這樣。

在這個世界上，除非是天才，否則，要出類拔萃必先禁一番寒徹骨。可能這句話還要修正一下，即便是天才如梵谷也不是拿支畫筆就能攝人心魄的，天才如莎翁也不是提筆就鋪錦列繡的。

這個世界上的成年人，都是在負重飛行的。在你感到疲憊、看不到希望的時候，唯一應該做的是告訴自己：這算不上什麼，再堅持一下。

為什麼我說這算不上什麼呢？因為無數成功者的事例證明，有時候我們不是被問題難倒了，而是被自己嚇到了。

很早以前，我看過一個印象深刻的故事，多年來它給了我很多力量，激勵我在想要放棄的時候堅持下去。在這裡我也跟大家分享一下：

那還是1796年的一天，在德國哥廷根大學，一個大學二年級的男生，吃完晚飯，開始做老師單獨安排給他的、每天例行的三道數學題。前兩道很快就完成了，但第三道寫在小紙條上的題目，看起來很簡單，只需要用圓規和一把沒有刻度的直尺畫出一個正十七邊形即可。可是，好幾個小時過去了，他發現自己毫無進展，以往學過的所有知識似乎完全用不上。這是一個相當有數學天賦的男孩，他很少遇到這樣的難題。

難題順利地激起了他的鬥志。一個通宵過去了，當窗口露出曙光，青年臉上也露出了笑容，他終於解出了這道題。見到老師的時候，他有些不好意思地說：「您給我安排的第三道題，我竟然做了整整一個通宵，真是辜負了您對我的栽培。」說著，遞上了他的作業。

老師接過來一看，頓時驚呆了。他聲音顫抖地問：「這

是你自己做出來的嗎？」青年有些疑惑地看著導師說：「是我做的，但是我花了整整一個通宵。」老師讓他拿出紙筆，當著自己的面再畫一個正十七邊形。按著昨天晚上的方法，青年很快畫出來了。

老師激動地抓住他的手：「你知不知道？你解開了一樁兩千多年歷史的數學懸案！阿基米德沒有解決，牛頓也沒有解決，你竟然一個晚上就解出來了。你是個真正的天才！」原來這是導師自己試圖解決的難題，不小心拿錯了，才給了自己的學生。

這個青年是數學王子高斯，他在19歲時就得出正十七邊形的尺規作圖法，並提出了可用尺規作圖的正多邊形的條件，解決了兩千年來懸而未決的難題。但是他事後回憶起這一幕的時候總是說：「如果當時有人告訴我，這是一道有兩千年歷史的數學難題，我可能永遠也沒有信心將它解出來。」

所以，有時候我們是不是自己在嚇自己？我們是不是高估了問題的難度，同時也低估了自己的能力？至於那些失敗的時候，如果堅持一下是否可以成功？由於未能堅持下去，所以此題無解。可是，為什麼不嘗試一下呢？

大家如果玩過保齡球，應該知道，保齡球投擲的對象是10個瓶子，如果你每次同時砸倒9個瓶子，最終得分是90分。但是，假如你每次能同時把10個瓶子都砸倒，最終得分是

240，而不是100分。為什麼呢？保齡球的記分規則，和這個社會的計分規則是一樣的：如果你可以比別人優秀一點點，能再多堅持一點點，就會贏得更高分，就會與別人形成巨大的差異。

所以，某種意義上，人生最大的障礙是自己這道障礙。《老子》中講：「勝人者有力，自勝者強。」意思是說，能夠戰勝別人只是有力量的表現，而能夠戰勝自己才算得上是強者。那些從茫茫人海中脫穎而出、成長為眾人眼中焦點的成功人士，並不是因為運氣格外好。事實上，和常人相比，他們可能只是有更強的承受能力罷了。

我不敢說自己是個成功者，但我對成長過程中那些艱難的時刻有深切的體會。在這些絕望無助的時候，我也難免會委屈、疲憊。那時候，大半夜我曾在街頭獨自徘徊，漫無目的地走啊走。人來人往可是沒有一個人為你停留，萬家燈火也沒有一盞為你亮起。所有的負面情緒源源不斷地湧現出來。直到最後你會告訴自己，除非你想要苟且於將就的生活，否則除了堅持下去，別無他法。

每一個已經變得糟糕的事實，我都無法改變，但是我能改變的是自己的想法，以及這件事對我產生的影響。任何一件事情，都可以從正反兩方面來看。如果我接受了消極那一面，坎坷或挫折就很容易把我們打倒。同樣，反過來說，積極樂觀的心態也可以助我一臂之力。相信我，樂觀並不是一

種虛無縹緲的感受，它有價值，有力量。

那麼現在，如果給你來場心靈旅行去遇見未來的自己，那時的你不再為目前帶給你巨大壓力的事情而苦惱掙扎，那時的你會給現在的你什麼建議？我的答案是：加油，你的未來會更好。你的答案呢？

堅持28天

見證奇蹟的改變

運用時機

1. 當你想要養成一個好習慣的時候。

2. 當你認為某個壞習慣必須改掉之時。

3. 當你想要成為一個意志力強大之人時。

練習時間

每28天一個週期，堅持每天進行。

特別提示

大家必須明確自己為什麼要做這個練習，而且在練習過程中，可以給自己心理暗示，告訴自己新習慣帶來的好處，因為情感的力量、感性的力量，往往比理性的強迫更強大。

大家在心裡可以把它當作一個試驗，像科學家一樣，把培養某個新習慣當作一種嘗試，而不是在進行心理鬥爭。

在這個練習中，大家需要每天都堅持去做，一天都不能停。如果某一天沒有做，那麼之前的練習天數全部作廢，第二天繼續練習的時候，要按頭一天計算。

練習內容

任何你想要改掉的壞習慣，把它寫下來，寫在一張紙上，告訴朋友監督自己，給自己壓力。然後，從第一天開始，連續的28天時間內，每一天都要重複新的好習慣，不去觸碰壞習慣，沒有一天可以例外。

在第1天到第7天。你可能感到不舒服，這一時期，你要遠離危險區，遠離那些可能再次觸發你壞習慣的地方，比如吸菸室。一週過後，可能你已經覺得比較自然、舒服了，但一不留意，你可能還會回到從前，比如又開始睡懶覺。因此，還需要不斷地提醒自己。

在這個練習中，如果是養成一個好習慣，大家可以循序漸進，從「小」開始。比如你想健身，第1天可以只跑10分鐘，然後第4天後變成15分鐘，逐漸加量，否則，一開始你會很容易放棄。

但是，如果是要丟掉一個壞習慣，比如戒菸，就必須從第1天開始一根都不能抽。不想再睡懶覺，那麼從開始練習的第1天，就要早起。

雖然這個練習的目的就是挑戰你的意志力，但是大家也可以對自己稍微「寬容」一些。如果一開始做得不夠完美，不要苛求自己，堅持下去，一步一步地做，慢慢你就會看到效果。

你缺的不是時間，而是時間管理

　　毫無疑問，對於你想要的一切來說，不管是名利還是真愛，時間都是不可或缺的條件，有了時間一切都有可能，沒有時間就一切免談。而且，如果你不能掌握時間，時間就會反過來掌控你，這個道理你應該知道。我想說的是，其實想要學會管理時間並不難，你可以很輕鬆就找到數十種方法。但是，和其他任何問題一樣，時間管理的關鍵不在技巧，而是價值觀。你是一個怎樣的人呢？是一個這一生放縱不羈愛自由的人，還是一個工作狂？不管你是怎樣的人，都應該把時間變成你的最佳助理，讓它幫你擁有想要的人生。

1.人生的效率是整理出來的

關於「一屋不掃何以掃天下」與「大丈夫不拘小節」，讀書的時候我們沒少作為論題來辯論。而根據我們的經驗，可以作為辯論賽題目的命題，往往是辯不出個最終結果的。身為男孩子，我的生活一直是不那麼細緻的。當時住在男生宿舍裡，大家也都半斤八兩，我從來不覺得凌亂是多大的問題，不過是個人風格而已嘛。但是在告別學生生涯多年以後，對這個問題我有了新的看法。

我猜，和我一樣，很多人信奉「亂中有序」的法則，自以為在一堆雜亂的東西中，自己可以迅速找到想要的東西。讓別人收拾之後，什麼都找不到了。我想大多數不擅長或者不喜歡整理的人們，都曾經說過類似這樣的話吧？那我先問問正在閱讀本書的你，你有沒有遇見過找不到急用的東西然後氣急敗壞的狀況呢？我想，大部分不喜歡整理的人都有過

此種遭遇。

　　試想當你早起美美地打扮一番，準備去赴約的時候，發現你要穿的內搭衫怎麼也找不到了。在亂七八糟的衣櫃裡翻了好幾遍，毀了半壁江山，依然沒有找到，眼看約會馬上就要遲到了，還是遲遲找不到最適合搭配的衣服。怎麼辦呢？只能匆匆找一件衣服隨意搭配上，可是在路上你卻一直在想那件衣服去了哪裡，或者覺得自己身上搭配的這件，不是最完美的。這樣一來，原本一個美妙的約會，就被鬧得毫無心情了。

　　約會是這樣，工作更是如此。整理是一切的開始，和凌亂相比，是個更適合絕大多數人的好習慣。眾所周知，習慣對於我們每個人來說，影響是特別大的。養成好的、有條理的習慣，會有一個不一樣的人生。而凌亂的習慣，最終會導致生活也變得凌亂不堪，甚至會花費很多時間在理清凌亂不堪的生活上。

　　日本一個名叫近藤麻理惠的女性，獲得了《時代》雜誌「2015年世界最有影響力100人」。同時上榜的還有美國總統歐巴馬、俄羅斯總統普亭、蘋果CEO提姆·庫克等赫赫有名的大人物。那這位平凡的女性為什麼會上榜呢？原來是因為她寫了一本叫《怦然心動的人生整理魔法》的書，風靡了全世界，這本書被翻譯成英、中、韓等多種語言，在不同的國家出版，並迅速成為暢銷書。而且，這本書還成功颳起了

「整理」的潮流。

　　比如，遇見找不到衣服這種尷尬情況的時候，大家不妨花費一段時間，把衣櫃裡的衣服全部整理一遍，分門別類地歸置在相應的位置。當你打開衣櫃的時候，可以一目瞭然地看到想要的衣服，這樣不僅可以節省你打扮的時間，還可以讓你的心情變得愉悅。當你學會整理衣櫃和家務的時候，你會發現自己的心情沒有那麼煩躁了，家裡的地方也越來越大，工作和做事的效率也跟著提高了許多。這樣的人生才是精緻而有序的。

　　學會把那些沒有讀的書整理到一起，把那些沒完成的工作整理到一起，把那些不想再見的人整理到一起，把所有沒有完成的夢想整理到一起，然後一項項去完成。你會發現，雜亂無章的生活其實是可以規劃的。我們常常抱怨「計畫趕不上變化」「未來毫無頭緒」，其實很多是因為沒有做好眼前的事、手頭的事。

　　其實，對於我們的人生來說，凌亂的人生也是需要去整理的。比如工作不能按時完成、作息時間不規律、沒有恆心做好一件事、身上潛藏無窮無盡的惰性……這都是對人生缺乏「整理」造成的。

　　比如，很少有人樂意加班吧？為了避免加班，我們就需要提高自己的工作效率，迅速完成自己的工作。那麼如何提高自己的工作效率呢？先從你的辦公桌開始入手吧。

那些每天都會用到的東西，要放在觸手可及的地方，比如筆記本、筆、資料等。把使用頻率較高的這些東西放在手邊，可以縮短拿取東西的時間，自然會提高你的工作效率。

對於會用到但不常用的東西，可以收納到你的抽屜裡，這樣找的時候可以直接打開抽屜，快速地拿出。

完全沒有用的東西，要捨得丟棄。比如漂亮的盒子、好看的包裝、沒用的廢文檔案資料。這些東西堆在你的辦公區域裡，一定會降低你的工作效率。

對於這一點，我們真的要向日本人學習。日本似乎是特別重視工作效率的一個國家，因此也出現了很多有效進行整理的書籍。前文提到的近藤麻理惠，是寫了一本整理家務的書；還有一位叫泉正人的商界精英，他的《超級整理術：工作效率是整理出來的》是針對辦公、工作的凌亂做出應對的方法。

我之所以會被這本書吸引，是因為作者的個人經歷。他一個人經營了5家企業，每年至少閱讀300本書籍，並且還要去世界各地旅遊、演講，做那些自己想做的事情。我身邊也有不少朋友擁有自己的公司，可是他們管理一家公司就已經忙得焦頭爛額了，每天恨不得全天都泡在公司裡處理事情。一年365天，基本上360天都在工作，剩下5天肯定在醫院。根本沒有時間陪家人，更別說是出去旅行了，那簡直是想都不敢想的事情。

　　看完那本書之後，我明白了為什麼作者能做到。書中所介紹的方法並不是什麼奇招異術，只是一些平時我們根本都不太注意的習慣問題。作者講述的方法其實就是要學會制訂一些簡單的整理規則，並堅持按照規則去做，從而提高工作效率。這些規則並不是統一固定的，需要因人而異，只要適合自己的就是最好的；而且這些規則很簡單，因為太難了不容易堅持。而所有的規則都只圍繞一個主題：提高工作效率。

　　就像作者說的：我們不是為了整理而整理，整理的目的是為了提高工作效率，用最小的努力獲得最大的成果。當你覺得工作壓力很大，工作量已經超負荷的時候，不妨先放下手頭的事情，好好想一想，到底自己做事的方法對不對。花費一些時間來整理一下自己的工作，把所有的事情，按輕重緩急來排一個順序，整理出一張清單，完成一項劃去一項，你會發現生活瞬間清爽了許多。

　　所以，想要擁有一個精緻的、有秩序的人生，就一定要學會整理。不單單是整理家務，還要學會整理那些凌亂的習慣和凌亂的工作方式。

2.你的時間那麼有限，何必事事親力親為

我有一位一路讀到博士的朋友，最近剛剛成為主管，可是他根本就還沒有進入角色，有一個非常嚴重的毛病：事必躬親。他認為自己是迫不得已，因為他自己總能把事情做得又快又好，可是那些下屬怎麼都不能讓人放心，老是出各種意想不到的紕漏，讓他們做還不如他自己做。

好在這位朋友剛工作，熱情高，也還算年輕，精力充沛，倒也大致能應付得來。可是，這樣做的後果是，他疲憊不堪，每天都在應對各種瑣事，管理能力絲毫沒有提升；而下屬的能力也越來越差，因為他們得不到鍛鍊。所以，雖然他自己心力交瘁，可私下裡下屬卻在抱怨他不給他們機會。

直到有一天，我提醒他：「如果你不想自己一輩子都在最基層工作的話，就要學會指派和授權。你是有能力，可是

有些有能力的管理者，他們具有較強的自信心，卻不容易信任別人，成為事必躬親的事務主義殉職者。」

朋友告訴我，經過深刻反思之後，他慢慢明白了，作為管理者，自己的任務和一般員工是不一樣的，他的首要任務和終極任務就是管理。他要把任務分配給每個人，並做一個統籌的工作，掌握工作的總進度，並在適當的時候做出決策。這才是一個管理者的價值所在，其他人只要跟著他的手指轉就好了。

至於為什麼會出現這樣的情況？第一是他不懂得珍惜時間，不知道自己有多少時間，不知道過多地把工作包攬到自己身上能否勝任，不知道有些瑣事由自己來做值不值得。

第二是他總是按自己的行為模式要求他人，自然容易對別人產生不信任感。

第三就是他只看到節省時間於一時一事，只看到自己動手可以免掉督促、檢查和交代的時間，沒有看到一旦讓別人去做，再碰到類似的工作，就可以不再親自動手，最終會為自己贏得更多的時間。

痛定思痛之後，他對自己說：「就算是耶穌，還需要天使去幫他傳播愛與教義，你卻希望自己搞定所有的事情？」

我們是人，不可能掌握所有的知識和技能。就算你是十

項全能，也不可能自己去做所有的事，只要做好自己拿手的就行了，而其他的事，有人會比你做得更好。

時間的分配，其實也包括任務的分配，在最短的時間裡創造出最多的價值，這就是高效。讓每個人都做自己擅長的事情，才能讓時間更合理地被利用。學會把一些事情交給別人去做，才能更好地利用你自己的時間。

當然，我們在指派工作的時候要合理，要顧及每個人的能力，以及執行不同任務所需要的時間。否則，一旦造成時間差，就會造成時間的更大浪費。

工作中是這樣，生活中也是如此。在我們家，我和太太有很明確的分工，家裡的重大決定我們會商量著來，但一些細枝末節的小事，由她全權決定。

有一次週末我在家休息的時候，賣櫥櫃的銷售員打電話過來，要討論訂單細節和安裝細節。我太太出去買菜了，我跟他說：「對不起，我太太不在家，二十分鐘之後會回來。」因為買家具這樣的事情，我向來不插手。買櫥櫃是我太太的事情，她才知道細節，也會對這件事的進度有興趣。我當然關心自己的家，可是我對這類事情並不感興趣。

但是，銷售員卻聽不出來我的婉拒，執意要跟我談。非說「先生，跟您講也是一樣的。我們這裡有一個新的方案您

可能會更喜歡——」，但我連舊的方案是什麼都不知道，對什麼新方案也沒興趣，你憑什麼就擅自決定跟我談也是一樣的？

於是我很禮貌卻語氣堅定地打斷他的話說：「對不起，等我太太回來你再跟她說吧。」然後就掛了電話。

可能你會覺得，我太過拘泥了。既然我在休息，為什麼不肯花點時間關心家務呢？夫妻之間分什麼你我呢？不是我漠不關心，而是我時間有限，分配給休息的時間就是用來休息的。更重要的是，此類事情並不在我的應辦事項清單上。如果我總是允許突然冒出來的事情打擾自己的日程，那我還怎麼可能完成每天的工作？遑論提高時間利用率了。

假如你不想總是為沒有時間而煩惱，就要時刻明確哪些事是你要做的，哪些事是不需要你去做的，不必要的事情就堅決不要去做，不然你的時間會在不知不覺中被這些無謂的事情消耗光。

當你確認了那些你必須親自做的事情之後，你所要做的就是堅持，時刻堅持把你的時間優先分配到這些重要的事情上，而不要一味地去應付那些緊急而不重要的事情。

剛開始的時候，你可以列一張清單把事情分類，把那些你必須親自做的事情重點圈出來，優先去做。一段時間後，

你就能做到不列清單也心中有數了。

除了學會授權和分配任務，我們還要學會外包。所謂外包，簡單一點來說，就是把一整塊的工作交給專業的公司或組織去做。

比如說，請專門的職業培訓機構為公司員工進行培訓，請專業的廣告公司給你做宣傳，請專業的IT服務商為你維護網站。因為這些事情如果讓你自己去做的話，需要額外地去聘請專業人才以及購買相關設備，還要花時間去建立組織結構，這樣就浪費了很多時間和精力。如果把這些相對獨立的工作外包給相應的專業性機構去做的話，會更省時省力，且效果更好。因為這樣有效地利用了外部專業資源，使外部資源幫你成事。

我單身的時候，會花錢去請鐘點工來幫我打掃環境，而不是自己花大量的時間打掃。這就是一種「外包」。

學會外包，學會利用外部資源，可以大幅度地提高你的工作效率，並且做到資源的合理整合，避免了時間和人員的浪費。當然，並不是說所有的事情都要外包給別人，而是要選擇那些對專業技術有高要求的，以你現有的資源、設備無法很好地完成的，或者說需要付出高成本來完成的事情。

如果我們能夠合理地分配時間資源，明確哪些事情是不

用你親自做的，然後能把這些事情交給合適的人去做，那你就不會被大量的瑣事淹沒，才能幫你節省出更多時間去做那些真正重要的事情。

3.如果不能準備好，效率一定高不了

古希臘著名的哲學家蘇格拉底曾說過：「沒有經過考驗的人生是一文不值的。同樣，沒有做前期準備的工作是不會一帆風順的。」這和中國古代的「凡事豫則立，不豫則廢」「磨刀不誤砍柴工」一樣，從不同方面講了同一個道理：無論我們做任何事情，都要事先做好準備工作，這樣才能更容易獲得成功，否則就很可能會失敗。祝福可能難以成真，但此類預言往往一語成讖，沒有做好準備工作，真的很難一帆風順。

對於這個問題的理解，我早就深有體會。那還是讀大學的時候，一年暑假，我和朋友去看日出，經過一個晚上的登山攀爬，我們倆都疲憊不堪，好不容易到達山頂的時候，已經是凌晨三點了，大概還有一個多小時太陽就升起了，朋友顧不上休息，開始做準備工作，從行李包中拿出三腳架，安

裝好相機，調試位置、焦距，一遍又一遍地選擇最佳的拍攝位置。

而我呢，想著自己平時做事挺高效的，反正朋友的準備過程我看在眼裡，再說安裝調試相機對我那是駕輕就熟的，在我看來幾分鐘就能搞定，何必這麼著急呢？

於是，朋友做準備的時候，我搭好帳篷，打算在裡面先休息一下，在太陽升起前十分鐘再開始準備。

結果，當我聽到大家都在喊「好壯觀啊，太陽出來了」的時候，我慌慌忙忙從宿營帳篷中跑出來，拿出三腳架，放上相機，調好焦距的時候，朝陽已經被烏雲遮擋。而朋友由於事先完美的準備，成功地抓拍到太陽初升時那驚心動魄的場面。

下山路上，我悶悶不樂，朋友告訴我：工作前一定要做好充分的準備，機會稍縱即逝，我們要想成功地做好一件事情，一定要提前做好準備，否則很難做得好。

就是那句話，機會總是留給有準備的人。當我們羨慕別人總是那麼「幸運」，總能得到很多機會的時候，我們不知道的是為了這個機會，他們默默地做了多少準備工作去充實自己、提升自己。當機會真的來臨時，他們自然而然地就能夠抓住這個機會。工作中，如果我們事事都能事先做好計畫或準備，那麼不論做什麼事情，都能做到心中有數，這樣就很容易獲得成功，你也會覺得機會總是垂青於你。

　　可能在很多人看來，做事前計畫有些多此一舉，而且耽誤時間。他們自詡反應能力夠快，而且有強烈的僥倖心理，認為自己不會那麼倒霉遇上麻煩事。可是他們往往忽略了一點，且不說會不會有意外狀況，即便一切順利，但是最終決定成敗的也許就只是你的「刀」磨得快不快。

　　要說起來，事先的準備工作很重要，這點我們大家都知道，可是我們有誰真正地把準備工作放在它應該有的位置呢？

　　我們身邊有很多人，一天到晚忙得不可開交，什麼時候只要見到他們，都是在忙東忙西，還經常加班，卻沒有做出什麼顯著的成績，辦事效率也很低，其實主要原因就是他們沒有在事先做好準備工作。

　　試想一下，如果他們能夠在第一天下班前，抽出十五到二十分鐘，認真想一下第二天有什麼重要的事情，有什麼是必須要完成的，哪些工作是可以再放一放的，做好計畫，想必第二天很輕鬆地知道自己該忙的重點，便不至於手忙腳亂，一會兒做這個，一會兒又想起還有一件事情也比較急，忙了一半，又想起還有一件更重要的事情沒做，結果到下班了，事情還是千頭萬緒，亂得一塌糊塗。

　　在時間管理中，有這樣一句話：「計畫的節省是最大的節省。」這是因為，按照統籌方法制訂一個清晰、規範的計畫，可以明確先做什麼後做什麼，按部就班地去做就可以

了。雖然很忙，但你不會亂。

這種事前的準備，不僅需要提前對整個工作流程有基本的瞭解，需要提前針對具體工作制訂計畫表，按部就班地實現目標，還需要考慮到工作進程中可能出現的問題。因為我們無法排除一些意外事件，半路殺出的「程咬金」往往會打亂我們的計畫。如果事先沒有考慮到它們的存在性和危害性，當它們真正發生的時候，就會消耗很多正常的工作時間，從而拖延了整個工作進程。所以，做準備工作的時候還要學會未雨綢繆，要想好對策，為這些可能會發生的「意外」安排好處理時間和對策，這樣才能做到有備無患。

林語堂是著名的語言大師，他一生做過無數場演講，堪稱是身經百戰、出口成章，但是即便如此，他也從來都不喜歡未經事先安排臨時就要他即席演講，他覺得這是強人所難。林語堂認為，想要做一場成功的演講，一定需要自己事先充分準備，因為只有做好了充足的準備，演講的內容才會充實，聽眾才能從中真正獲取想要獲取的，而自己也能表達好自己真正想表達的。像林語堂這麼擅長演講的大師都不做沒有準備的演講，可見事前準備工作有多麼重要。不管時間是多麼急迫，你有多麼忙，事情有多容易，你都要做好事前準備工作。準備，是把事情做出色的不二法門。

只可惜，很多人為了節省時間，一拿到事情馬上就動手去做，一頭栽進去，雖然努力了，可是由於計畫不周，往往

缺乏條理，從而效率不彰。

　　成功往往是一個漫長的過程，就如盛開的鮮花一樣，如果沒有冬天在地底下默默地蓄積養分，哪會有春天絢麗的綻放。要想抓住機會，獲得成功，就要做好長期的打算，時刻準備著。

4.抱歉，你浪費掉的，不是別人的時間

「不要浪費時間」是和「飯後漱口早晚刷牙」一樣，從幼兒園開始就被師長們耳提面命的金科玉律。可是，真的能做到的人又有多少呢？

或多或少，我們都會浪費時間，這可能是在所難免的，但不是無法解決的。比如上下班花在路上的時間。在北京，上下班路上花一兩個小時再正常不過，後來我越來越難以忍受花那麼多時間在路上，就狠心搬家到了公司附近。房租自然是高了一大截，但我發現它是值得的，為我節省了大量的時間和精力。

那麼，你有沒有想過自己日常生活中在哪些地方浪費了時間？還是你根本沒有意識到浪費時間這個問題是非常嚴重的？每當我想想自己的人生已經過了二、三十年就會有時不我待的恐慌感，你呢？如果你也有，就和我一起看看下面這

些浪費時間的常見事項，你有沒有中招：

第一個是瀏覽網頁。大家應該有這種感覺，早上到公司之後，開機，登錄聊天軟體，然後就是坐在電腦前瀏覽網頁上的各種新聞，把你吸引上一兩個小時不成問題。可能有人會說，我看新聞，怎麼能說是浪費時間呢？這也是在關心國家大事。的確，這話沒有錯，但是這一個小時裡，有多久是在看那些緋聞八卦和毫無營養的所謂「新聞」呢？不管是工作日還是節假日，在資訊時代，大部分人幾乎每天都是如此，花了大量時間在獲取對自己並無意義的信息上。細算下來，這是一個令人吃驚的數字。

可是要大家不看新聞又不切實際，那似乎讓人跟不上時代節奏。該怎麼辦呢？我當然不是讓大家都不要去關心新聞，而是告訴大家要有重點，汲取有營養的信息，有些東西可以直接跳過。如果你要看財經信息，就不要被「貴圈」（網路用語，常用來嘲諷上流生活圈）的東西所吸引。對於新聞，要有重點、有目標地去瀏覽，而且要給自己限定時間。

第二個是辦公室閒聊。有不少職業女性，她們每天上班來，沒事的時候就幾個人湊一堆討論，這個說妳的衣服真好看，哪裡買的？另一個說妳最近的皮膚挺好的，用的什麼牌子的護膚品呢？話題基本上都是圍繞著衣服、護膚品或者男朋友展開。工作不忙的時候，她們一般湊在一起差不多需要

聊上半個小時左右，才會開始準備做工作。到下班的時候，工作沒做完需要加班，她們就開始抱怨時間短、不夠用。但是，她們卻始終沒有意識到自己浪費時間的行為。

聊天是避免不了的，你不可能不跟人說話。那怎樣才能避免讓閒聊浪費你的時間呢？建議大家盡量不要總是幾個人聚在一起聊天，人多口雜，你一句我一句就會浪費許多時間。碰到別人誇獎你的時候，迅速地用簡單的話感謝別人的誇獎，然後開始自己的工作，你會發現漸漸地大家閒聊的時候就不會主動找你了，這樣就給自己節省了不少時間。

第三個是刷朋友圈。現代人的生活似乎不可能離開手機了，你能想像沒有手機的生活嗎？給我們帶來便利的同時，手機也佔用了我們大量時間。如果是有事情打電話也就罷了，偏偏隨著社交網絡的興起，LINE、微信，以及其他即時通訊軟體，你的手機中一定少不了吧？

想想看，你每天花了多少時間給別人按讚？可能你認為刷朋友圈的時間是不可避免的，刷朋友圈是一種社交手段。的確，從某種意義上說是的。可是，也許我們太高估朋友圈的社交價值了。對大部分人來說，它是一個時間產出比非常低的東西。除非你做微商，否則請你仔細想想看，假如不看朋友圈，你會失去什麼？你真的那麼喜歡在朋友圈裡表演並且看別人的表演嗎？你熱衷於看到大家的評論是因為你喜歡自己被貼標籤嗎？

　　曾經有一段時間，微信上出了個打飛機遊戲，瞬間風靡朋友圈。我也覺得挺有意思的，偶爾會玩一把。大家每天也都會在朋友圈裡曬自己的成績，我就時不時刷新，看看誰誰又打了多少。但是有一天我頓悟了，這有什麼意思呢？太浪費時間了，從此我慢慢戒掉了刷朋友圈的習慣。你呢？你還在被朋友圈「圈」走大量時間嗎？

　　第四個是不懂拒絕別人。你有沒有過這樣的時刻，自己正急著完成一件工作的時候，同事帶著問題來找你，你沒有辦法拒絕。可是，自己的工作就只好擱置，思路也會被打亂。解決了別人的問題，自己的工作卻沒有辦法按時完成。

　　其實你明知道這時候自己需要拒絕的。但顯然對一部分人來說，拒絕別人並不是一件容易的事情。你認為別人向自己提出請求是因為相信你能解決問題，這是對方對你的一種信任，殘忍地拒絕可能會傷害到對方。可是，要知道，該幫忙的時候可以幫忙，不該幫忙的時候你做太多，那就是在剝奪別人得到鍛鍊與提升的機會。況且，一個好好先生，很難贏得別人的感激。因為你永遠都不會拒絕別人的請求，時間久了，大家就會覺得你幫別人是理所當然的事情，他們會變得心安理得而不會心存感恩。對你自己、對別人，都沒有什麼益處。所以，學會說不，該拒絕的時候就拒絕吧。

　　第五個是總被人當作傾訴對象。誰還能沒有一些不順心的事情啊，可是總會有那麼一部分人，被上司罵過，需要找個人訴苦；工作辛苦的時候，需要跟別人發個牢騷；連和對象吵架也得找個人說說。那時候，他們彷彿覺得自己是這個世界上最不幸的人，恨不得把各種不開心的事情都說出來，不吐不快。

　　這時候，就苦了那個被傾訴的對象了。如果認真聽，不知道他們什麼時候才能說完，自己手頭還有一堆事情沒忙完；如果不聽，又沒有辦法開口拒絕。好矛盾是不是？其實你之所以不肯或者不敢拒絕，一方面是不想傷害對方感情，另一方面是怕破壞自己在對方心中的形象。可是，如果為了這個形象讓自己花費大量時間，是不是得不償失呢？這時候，最好的辦法是簡單安慰一下對方，提醒對方自己在上班，下班之後再聊。這時候再不善解人意的人，都應該明白你的意思了。

　　除了以上幾點，好奇心重也是浪費時間的重要原因。當你看到兩個人在嘀嘀咕咕說著什麼的時候，你會怎麼做？是會淡定地走開，還是趕緊湊過去呢？好奇心重的人一定會湊過去，看看人家在討論什麼問題。往往這個時候，自己也會加入討論的行列，就這樣，再次浪費了大把的時間。

　　時間這種資源，真的是用掉一秒少一秒。如果你是一個努力進取的人，應該永遠都會覺得時間不夠用才對。如果

你真的有這種感覺，恭喜你，那你一定是在進步中的。這時候，建議你不妨暫時放下手頭的工作，對自身做一個檢討，看看自己身上有哪些浪費時間的壞習慣需要糾正。

5.把握好「計畫時間」和「靈活時間」

　　一個填得滿滿當當的計畫表，是沒有「防震」性能的。稍有意外，整個計畫都會「破碎」，無法執行。而現實往往是意外不斷的，所以，在制訂計畫時，我們必須給無法掌控的事情預留一些靈活時間。

　　也就是說，你的計畫中除了有「計畫時間」，還要有「靈活時間」。所謂「計畫時間」就是已經計畫好了的，在某個干擾較少的時間段去高效地、全身心投入地做某一件或者某幾件確定的事情；而「靈活時間」則是在「計畫時間」外，留出一些時間用於做一些不確定的、無計畫的、突發的事情。

　　經過長期摸索之後，現在我已經學會了把自己的時間劃分得清清楚楚，每天我會花30%的時間和客戶溝通，15%的時間用在會議上，10%的時間在電話上，5%的時間看公司的文

件，15%的時間用在與下屬溝通上，15%的時間用在和公司沒有直接或間接關係卻有利於公司的活動上。更重要的是，我每天都要留下一些空檔時間來處理那些突發事件，例如接受上司臨時交辦的任務等。

然後我發現，給無法完全掌控的事件預留時間，不僅不會浪費時間，反而會節省時間提高效率。

如果你是一名部門主管，很多時候可能要隨時放下手頭的工作去聽取下級的彙報、聽取上司的指示，或者解決部門隨時可能出現的問題。這個時候就需要做好安排，可以安排某些時間段作為你的緩衝時間，當有人臨時需要找你討論的時候，你可以讓其在你計畫好的「靈活時間」來探討。

如果你是一名普通的上班族，或者是學生一族，道理也是一樣的。在安排自己的自由時間時，一定要將其分為「計畫時間」和「靈活時間」，這樣才能保證自己的時間最大限度地優化，最大限度地實現高投入與產出比。比如，你想要在課外時間或者業餘時間學習一項技能或者看一本書，那麼可以將自己最高效的時間段作為「計畫時間」，在這段時間，一定要高效學習，減少外界干擾。效率不高的時間作為靈活時間，用來處理日常瑣事。

義大利經濟學家帕累托在對財富的流向進行研究之後發現一個很有趣的現象：「在因和果、努力和收穫之間，普遍存在著不平衡關係。典型的情況是：80％的收穫來自20％

的努力，其他80％的力氣只帶來20％的結果。」這一發現同樣適用於我們的時間管理。由此可見，我們只要抓住關鍵的「計畫時間」，就能讓自己在輕鬆地完成自己每日必做事情的同時享受生活的樂趣。

無論你是學生還是上班族，每天都會有很多事情要做，如果想讓自己在最合理的時間內取得最佳的效率，就一定要給自己的時間規劃好「計畫時間」和「靈活時間」。

有一個關於「計畫時間」和「靈活時間」的小故事很令人值得深思：

一個廣口瓶，當你在裡面放下許多的大石頭，很快就能將它裝滿；這個時候，你還可以裝進去一些小石子；當小石子裝不下的時候，你或許還可以裝進一些沙子；當沙子完全把瓶子裝滿之後，你還可以裝進去一些水。

我們的時間管理也是如此，在自己的「計畫時間」內先做大事、重要的事，然後是次重要的事，最後還有許多零碎的時間，可以靈活掌握，處理緊急的事，或隨時給他人助一臂之力。但是，如果我們並沒有將自己的時間做好這些計畫，顛倒了次序，就會讓自己的生活一塌糊塗。

比如說，我們花了很多時間在一些小事上，那就沒太多時間處理大事或重要的事了，或者當我們想做大事時，已沒有體力或精力了，心有餘而力不足，這時儘管我們會覺得一直很忙，但到頭來發現自己所做的事情都沒有成果，心裡很

不舒服，很不開心，甚至於感覺很煩很悶，有壓力。

當然，要想做到「計畫時間」和「靈活時間」的合理安排，一定要知道你的時間是如何花掉的。我們可以選一個星期作為樣本，每天記錄下每小時自己做的事情，然後做一個分類和預期效果的統計，看一看自己在哪些方面花了太多的時間並且取得了怎麼樣的收穫。這樣每天結束以後，可以對自己一整天的所有活動以及效果做出一個詳細明確的統計。在一週結束後，分析一下，哪些事情是不必做且浪費時間的，哪些事情是必須完成的以及完成度如何，在哪些時間段內效率最高，有沒有方法可以增加效率。

當你知道自己最高效的時間段之後，就要將這段時間安排為不被干擾的「計畫時間」。假如你能有一個小時完全不受任何人干擾，把自己關在自己的空間裡面思考或者工作，這一個小時可以抵過你一天的工作效率，甚至有時候這一小時比你三天工作的效率還要好。當然還要留出一部分時間什麼都不要做，作為自己的「靈活時間」。如果你總是將一天的日程排得滿滿的，那麼一旦工作或者學習中出現突發情況，那麼你之後的所有計畫都有可能會被打亂，甚至什麼也做不了。

但是，大家務必切記，不能總是以推遲決策的時間來確保計畫的靈活性。因為未來的不肯定性是很難完全預料的，如果我們一味等待更多的信息，盡量地將未來可能發生的問

題考慮周全，當斷不斷，就會坐失良機，招致失敗。還有，如果使計畫具有靈活性，是要付出代價的，甚至由此而得到的好處可能抵不了它的費用支出，這就不符合計畫的效率性。所以，我們也不能為了靈活犧牲效率，關鍵在於平衡。

6.你真的是時間不夠，還是效率太低

　　經常抱怨時間不夠用的人實在太多了，當我們無法完成一件任務的時候，第一反應就是時間太短了，不夠用。可是，不知道你是否想過，真的是時間不夠呢，還是自己的效率太低從而耽誤了時間？

　　覺得時間不夠用的時候，大家可以想想兩個成語，一個叫「事半功倍」，一個叫「事倍功半」。你屬於哪一類呢？為什麼在同樣多的時間裡，有些人能夠完成的事情就是比你多呢？除了能力因素之外，往往跟時間管理有關係。

　　幾年前，日本有一位名叫松山真一的人引起了廣泛關注，他的故事與時間有關。在相當長一段時間裡，大家只知道，松山真一擁有和大家同樣多的時間，但做到的事情要多得多，可是沒有人知道為什麼。

　　松山真一是日本航空運行技術部性能組組長，工作本身

是很繁忙的，然而他還是位很受歡迎的作家。他每天閱讀，讀完後寫出書評，然後發送給網路雜誌，因為見識獨到，評論精妙，許多書評被反覆轉載，擁有數以萬計的讀者。沒有人知道他是怎樣在工作之餘抽出時間讀書寫文章的。

他的一天是這樣度過的：每天早晨六點鐘起床，搭頭班車上班，因為這時候車上人比較少，比較清靜。由於家離公司較遠，車上有將近1小時50分鐘的路程。花了一番心思後，松山真一決定將這段時間用來閱讀。他讀書跟大家不一樣的地方在於，他像中文系上閱讀課一樣認真地研讀。

他是這樣描述的：「這段時間，沒有上班的人潮，沒有瑣事，沒有電話，也不可能站起身來去隨意倒杯水喝，真像課堂一般清靜。」

到辦公室時約八點鐘左右。九點鐘才是上班時間，所以這時候辦公室是空無一人的。在這段不被打擾的時間裡，他開始全神貫注地梳理一天中要做的事項，並逐一記在日程表上，然後根據輕重緩急標明序號以及完成時間，這個日程表，是精確到以分鐘計的。由於每天都會有這樣一份日程，所以他在制訂這個日程表的時候，並不需要花多少時間。

然後九點鐘，上班時間到了，同事們匆匆忙忙趕過來，而松山真一已經萬事皆備、神清氣爽地開始新一天的工作了。上班期間，他會要求自己嚴格端坐桌前，因為他一貫相信，人處於什麼樣的狀態，就會做什麼樣成效的事情。可想

而知，他的工作效率和精神面貌一樣，是相當不錯的。

等到晚上下班，由於是乘車尖峰期，車上是非常擁擠的。但是這時候，松山真一已經不需要看書了，不管是坐還是站，他都可以凝神思考早上所讀的書，構思自己的書評。他會在腦子裡構思好大綱，等到晚上吃完飯，書評一揮而就，充滿活力的一天就這樣圓滿結束了。

看完他的故事，你有沒有跟我一樣在審視自己的生活？我總結出來了幾點小細節，經過嘗試之後，發現確實是可以提高工作效率的，接下來跟大家分享一下。

第一，要學會整理。我建議大家不管是在公司還是在家裡，一定要把你的東西收拾得井井有條，把不同的東西分類整理好，這樣你就能在第一時間裡找到你需要的東西。比如電腦裡大大小小的各種文件和檔案，在桌面上放得亂七八糟，等到需要用的時候，開始在一堆文件中查找，費神又費力。遇見這種問題，給大家一個小妙招，那就是做一個分類，把不同的檔案分類。比如客服部的文件、營運部門的文件、市場部的文件，把不同的檔案分成不一樣的文件夾，然後檔案做好命名。這樣在查找的時候，跟哪個部門有關的檔案，直接在文件夾查找就可以了。家裡的書架也是一樣，文學、歷史、職場、科學，需要分門別類，這樣就一目瞭然。

第二，做事要細心。工作中我們經常會做一些數據的分析和統計。有些人，收到上級安排的任務時，熱情高漲馬上

去做，也確實很快完成了。但是，當他們把結果轉交給其他部門的時候，問題就出來了。出具的數據做得亂七八糟，格式也不對，無奈只能重新去做。

　　我一個做生產的朋友曾經告訴我，他們的研發部門在出具研發數據的時候，把一個數字弄錯了，誰都沒有發現。結果到了生產線上的時候，品管部門發現出了差錯，以至於整條線停運排查問題，最後發現是研發數據出現了錯誤。後來，不得不把已經出貨的幾千個產品重新回收。這種錯誤，不僅給公司造成了不小的損失，而且影響了客戶的交貨時間。假如這樣的錯誤是你犯的，你覺得對自己的職業前景會有幫助嗎？

　　第三，做事沒有條理性也是時間不夠用的一個重要原因。所謂的條理性，也是我們通常說的邏輯性。想要把一件工作快速完成，必須要有條理性。開始做的時候需要有很清晰的思路，按步驟一步步地把事情完成。上學時寫作文，語文老師都會要求大家寫提綱，為什麼呢？就是要讓我們養成做事有條理的習慣。因為有了大綱之後，寫出來的作文很少會離題。平時我們的工作也是一樣的，在收到一項任務的時候，首先要分析一下，先做什麼，後做什麼，思路清晰之後再去動手做，你會發現這樣會事半功倍。

　　第四，我希望大家把無聊的工作變得有趣。很多人的工作，都不是自己喜歡做的事情，只是為了生活。可是，對工

作失去熱情的人，很難把工作做好，這樣下去就是一個惡性循環。所以，大家還是要盡量點燃工作熱情，讓事情變得有趣。做自己感興趣的事情，工作效率自然就會高很多。

最後請謹記，並不是夜以繼日地工作就是有效地利用時間。我說了這麼多，是想讓大家找到一個適合自己的、可以有效提高做事效率的方法。你的人生，除了工作之外，還有生活，所以盡量最大限度地提高工作效率，留出更多屬於自己的時間來生活，這才是更加圓滿的人生。

7.就趁現在，告別「拖拉斯基」

你是不是喜歡把事情拖到最後一刻才做？我曾經有一位同事，被公司上上下下戲稱為超級名「磨」。其實她的能力本身是很強的，但是交給她的工作，永遠只能在馬上到最後期限的那一刻拿到，因為她總喜歡把工作拖到最後一刻才完成。比如你讓她週五之前交上一份工作報告，她一定會在週五即將下班的時候給你，不肯提前一刻。

如果只是這樣也就罷了，但突發狀況總是有的，假如週五這天有臨時任務要她去忙，你就看不到工作報告了。一次兩次，大家都忍了，時間久了，看她實在改不了，公司也就放棄她了。不知道她在新的工作中，是不是還是名「磨」。

其實給她的時間是非常充裕的，之所以完成不了，完全是她拖延的結果。事實上，幾乎所有的「急事」都是拖延造成的後果。

　　仔細回想一下，你現在所做的急事，是不是你幾天前或者一個星期前就應該做的事情？現在你知道了吧，從你小時候開始，你就有了這樣的習慣。在家裡時，等爸爸媽媽回來的前幾分鐘才慌慌張張地整理雜亂的房間；做作業時，總是拖到要交的前一個晚上才熬通宵來寫；上作文課時，總是拖到考試結束前的五分鐘才胡亂地寫上一個作文結尾；到了上班的時候，總是拖到快遲到的時候才出家門，然後在路上飛奔；做專案時，總是拖到最後一刻再做修改。這樣的事情數不勝數。

　　這些事情，原本你有充足的時間去做，只是被你一味拖延，拖到最後時間快不允許了，才成為你不得不做的「急事」了。這樣做所造成的後果是什麼呢？那就是你浪費了寬裕的時間，卻弄得自己經常手忙腳亂，總是覺得時間不夠。這些「急事」不但弄得你分外疲憊，而且在那麼緊迫的時間內，你能保證不出差錯嗎？萬一有意外狀況，你還能如期完成任務嗎？

　　在時間管理中有一個概念，叫「帕金森時間效應」，它闡述了一種關於時間與計畫的神奇現象。舉個例子來說，如果你有一項8分鐘就可以完成的工作，而你分配了8小時去做它，那麼，確定無疑，你的確會耗盡你所分配的8小時才能完成這項工作，即便事實上它只需要8分鐘。簡單來說就是，你給定多少時間，工作就將使用多少時間。

也就是說，如果你告訴我有一年的時間，那麼這個工作將花一年的時間完成；如果你告訴我有兩年的時間，那麼這個工作也將花兩年的時間才能完成。這種效應是真實的，我們的確會調整自己的速度以滿足最後的期限。如果我們認為有充足的時間，那麼我們就不會早早去完成它，而是給自己增加多餘的、無用的事情去填充多餘的時間。這也就造成了工作的拖延和時間的浪費。現在，你是不是又找到了一條效率低下的原因？

需要提醒大家的是，有些時候，拖延是較為隱蔽的。

讀大學的時候，同宿舍一哥兒們在大家的攛掇下，給他暗戀的女同學打電話。當時手機還不普遍，大家要用宿舍的固定電話打。他猶豫著，徘徊著，設想了不下十種可能性：她可能不在宿舍，電話是室友接的，如果是這樣我該怎麼說；也許她此刻正寂寞，很想找個人說說話；要是她此刻心情不好正鬱悶，約她出來是不是時機不大好；要是她的室友都在，她接了電話會不會說話不方便……

就這樣，他整整想了一個下午，想好了各種情況的心理準備和應對策略。然後，終於下定決心抓起了電話，鄭重其事按下了一串號碼，結果只聽得嘟嘟聲，電話佔線。他如釋重負地放下電話，嘴角還有一絲鬆了一口氣的微笑。

這個場景讓我印象深刻，以後，每當我發現自己有這種以所謂的深思熟慮行拖延之實的行為，都會告訴自己：

「得了吧，你只是想拖延，你只是為了讓自己名正言順地拖延。」

事實就是這樣，由於我們從小所受的教育告訴我們拖延是不對的，於是我們會無意地用很多想法或者行為來掩飾，以減輕內心掙扎的痛苦和輕微負罪感。比如，面試之前不停地上廁所，說重要的話之前清嗓子等，某種程度上都是在拖延，這是一種本能的自我心理防禦。是時候直面這些自我保護了，你很清楚，再完美的退卻，也不如一次簡單的出擊。

現在，就來努力告別「拖拉斯基」吧。簡單來說，你只需要記住八個字：制訂計畫，嚴格執行。

當我們接到一項工作的時候，我們同時會接到這項工作的時間限制，有時會很緊急，有時卻很輕鬆。我們不應該完全遵循這個被給定的時間限制，而需要針對這項工作，自己為它定一個合適的時間限制，並且按照自己定的時間限制去完成這項工作。特別是在被給定的時間很寬鬆的時候，這樣做是非常有必要的。

另外，如果你是一個非常喜歡找藉口的人，一定要停止尋找藉口。因為當我們受惰性的控制，不想去做某些事情的時候，會很自然地為自己找藉口，找到藉口之後，我們就找到了心理安慰，可以心安理得地把這件事丟在一邊了。但實際上，這些事情我們最終還是要去做的，找藉口的結果無非是把這些事情拖後了，最後等它們積成一堆之後，又讓我們

無從下手了。所以，如果某件事情是你必須去做的，就不要尋找任何藉口來縱容自己的惰性。

8.人生是道算術題，要做好「加法」和「減法」

　　時間是太寶貴的東西，以至於它永遠都是不夠用的。尤其是在這個年代，我們覺得「從前慢」，可能是因為現在太「快」了吧，忙碌是一種常態，確切來說是一種病態。

　　年少時，我們為學習而忙碌；長大後，我們為工作和生活而忙碌。其實沒有人喜歡忙碌，但不忙碌又害怕自己會落伍，會被社會所淘汰。對於大多數人來說，淘汰的危機與發展的機會並存。於是，大家一個個變成了工作狂，似乎只能馬不停蹄地向前奔，用透支的健康向時間換取效益。

　　顯然，這種狀態是不健康的，因為它失去了平衡。對圓滿的一生來說，健康、家庭、事業、財富、朋友、個人成長缺一不可。而任何一方面，都需要我們花時間去經營。從某種意義上來說，你就是你花出去的時間，如果你不肯在某些方面花時間，必然就要承受相應的後果、付出相應的代價。

　　我曾看到過一期節目，有一位媽媽諮詢心理醫生李子勳：「我女兒今年2歲，她爸爸經常出差，回來的時候想抱女兒，女兒會說：『不要爸爸。』請問發生這種事情，我如何教育我的女兒？」李子勳回答：「為什麼要教育孩子？這是父親應該承受的。」

　　是的，雖然很殘酷，但這是這位父親應該承受的。他把99%的時間給了工作，只留1%的時間給女兒。既然做出了這種時間分配，就必須承擔這種時間分配的結果。

　　有人會說：「他辛辛苦苦賺錢，還不是為了這個家庭嘛！」的確，這是一個最為冠冕堂皇的藉口，也是最掩人耳目的謊言。一個家庭的幸福，需要的只是金錢嗎？既然他更傾向於做一個事業有成的人，而不是一個合格的父親，又憑什麼貪心地要求享受那些花了大量時間心血陪伴孩子的人才能享受到的親密感？

　　還有人會說：「沒辦法啊，我也想平衡，可是時間太少，分身乏術啊！」請停止給自己心理暗示吧，如果你無法在工作、家庭、健康等方面獲取平衡，只能說你的時間管理是有問題的，而不是因為你就真的比別人忙。

　　在獲取諾貝爾文學獎之前，沒有人知道艾麗絲‧孟若（Alice Munro)是哪根蔥。現在大家知道了這個滿頭銀髮的女人，但你們未必知道她說過這樣一段話：

　　「我三十六、七歲才出版自己的第一本書。而我二十歲

時就開始寫作，那時我已結婚，有孩子，做家務。即便在沒有洗衣機之類的家電時，寫作也不成問題。人只要能控制自己的生活，就總能找到時間。」

假如你找不到時間，那就說明你未能控制自己的生活。不是嗎？

「掌控自己的生活」，意味著你要過得充實、愉快。其真實含義，就是要最大限度地體驗生命、感受美好。為了這個目的，無論你怎樣為自己設定目標，也無論你怎樣為自己訂立時間表，只要你以自己的風格來管理自己的時間，每一天都能構成你真正生活的一部分。

你該怎樣管理自己的時間，我不會給你統一的建議，因為每個人都該有自己的時間管理風格。比如，有人喜歡綜合考慮，那他就不適合用日曆、列表以及日程表這樣的時間管理手段。他們經常可以同時做很多工作，很容易在不同工作之間轉移。他們不喜歡所謂的最後期限，而喜歡自主安排時間，這樣才能保持精力充沛。雖然在別人看來，他們可能無所事事，但他們的內心卻在安排著自己的計畫。而對於學習的暫時中斷，他們不僅覺得有趣，還覺得刺激。我就是這樣的人，所以我很清楚，我們在管理時間時不該過於拘泥，只要找到適合自己的時間管理方法即可。

但不管你的時間管理風格是怎樣的，都要注意張弛有度。正如美國一位行為心理專家吉姆·羅思所說：「無論如

何，一個人為財務和事業付出的代價總該有個限度，當其他重要的價值因為物質的成功而被犧牲時，就該設定這種限度。」

科學的時間管理，除了要求充分利用時間外，還要注意保障休息的時間。勞逸結合，有張有弛更能夠提高工作的效率。一天到晚把自己安排在工作中是不值得提倡的，因為人的大腦不能夠持續地超負荷運轉，需要充分的休息。如果沒有足夠的睡眠時間，工作效率是沒有辦法保證的，所以我們工作了一定的時間之後，就必須休息、睡覺，否則就會出現身體不適的現象。休息有助於消除大腦的疲勞，使之重新興奮起來，精神飽滿地投入到工作中。

園藝家會說：「人生是加法。譬如一棵樹，起初只是一粒小小的種子，加了水和養料，就長出了根，再加了枝條，加了葉，加了花，加了果，就有了屬於自己的一片綠蔭，一分收穫。」雕塑家會說：「人生是減法。就像一塊野外採來的巨石，需要反覆地雕琢，減掉許多多餘的部分，才能成為一尊雕像，讓人們讚賞。」

其實，人生是要有加法也要有減法的。剛剛出生的時候，我們一直在做加法，注入許多東西，讓人生更加豐盈與精采。而到了一定年齡之後，就要開始考慮做減法了，合理安排人生的進退取捨，使人生更加健康和充實。

規劃好自己的人生，想想你為什麼而生存，想成為什

麼樣的人，想做出什麼樣的成就等，花時間好好想想你的價
值觀與人生目標，並且讓它們時刻活躍在你的大腦裡，一遍
一遍地回憶它們，並為它們付出努力。在我們接下來的一生
中，就可以圍繞這些問題的答案做加法和減法，加加減減，
讓你的人生變成自己想要的樣子。

~~~~ 本章練習 ~~~~

額外獎勵

讓自己效率翻倍的秘訣

運用時機

1.當你覺得自己效率有待提高的時候。

2.當你感覺時間總不夠用的時候。

3.當你希望持續改善學習、工作質量的時候。

練習時間

根據任務的性質和自己的目標，靈活調整時間。

特別提示

這個練習能提升你對時間的控制力、效率和專注力。但是，它對你的耐心和細心程度有所要求，如果不能堅持下去，那就只會前功盡棄。

練習內容

第一步，給自己製作一個詳細的日程表，目的是明確你現在支配時間的方式。只需要嘗試一天，你會立即把自己的時間支配模式提升到意識層面，可以仔細檢視它們。

第二步，從第二天開始，你可以拿出一個馬表，把自己開始或完成某個活動時的時間，都記錄下來。為了讓這個

記錄更全面，這個步驟你可以堅持一週。一週之後，給自己每天的活動歸類，計算出你在讀書、閒聊、用餐、上網、翻箱倒櫃找東西等各項活動中所花費的時間。它能讓你發現，自己是不是在一些真正重要的、實質性工作上花費的時間很少，卻在不重要的事情上浪費了太多時間，比如看娛樂新聞。

我自認為工作效率相當高，但第一次使用這個日程表以後發現，我每週花在工作上50個小時，但實際上只有15個小時是在做實質性工作。其他的時間，都花在讀新聞、接待不速之客、慢悠悠地用餐、過於頻繁地查郵件、刷朋友圈等事情上了，這讓我大吃一驚。

第三步，根據上面的數據，開始計算你的個人時間效率比。比如，讀一本書，你真正花在讀書上的時間是5個小時，而你自認為是在讀書的時間長達10個小時，那麼你的讀書效率是50%。

第四步，你可以著手去提升效率了。你可以同時提高整體效率，也可以針對某件事專門去提高。現在又要重新用到馬表，像第二步一樣，仔細記錄自己在每一天的時間安排。這時，你應該會發現自己的效率有所提高。以讀書為例，當你意識到自己的效率不高，就會有意識地集中注意力，減少一些浪費時間的行為，比如吃零食、找東西、玩手機等。

第五步，當你計算出自己新的時間利用率以後，如果發

現有所提升，就可以給自己一定的獎勵，比如拿這些時間看一部喜歡的電影、自己動手做美食、出去郊遊等。至於獎勵程度的大小，取決於你效率提升的多少。

Part 4

當你變「strong」了，
你就不會那麼「low」了

《論語》裡有這麼一段話，孔子的學生冉求說：「非不說（悅）子之道，力不足也。」（我並非不喜歡您的學說，而是我的力量不夠。）孔子說：「力不足者，中道而廢。今女（汝）畫。」（力量不夠的會半途而廢。現在你卻是為自己劃定了停止的界線。」很多人都跟冉求一樣限制自己，而且會找上一堆冠冕堂皇的藉口。其實，你遠比自己想像的更強大，如果你能比自己想像的更瘋狂一點兒，那個內心深處強大的你，會幫你成為自己的奇蹟。

1.意志力，內心強大的原動力

　　愛爾蘭人有三個骨頭的說法，第一個是胸骨，也叫渴望骨；第二個是下巴骨，第三個是脊梁骨。渴望骨是讓人們去找尋；下巴骨讓人們不斷問問題，去發現自己想要的東西；而脊梁骨，則是讓人們一直堅持，直到得到成功。

　　著名演講家、《鑽石就在你家後院》的作者魯塞·康維爾也說過，人們渴求成功的呼聲不絕於耳地回響於市井和荒野之間，但只有一個詞可以擔當得起引導人們邁向成功的重任，那就是「意志力」。

　　如果把意志力看成是一種虛無縹緲的東西，它就真的只能說說罷了。但如果你真的相信它，這種源自內心的強大的原動力，就會帶給你無窮的力量。在意志力的支持下，困難都是暫時的。它不僅能改變一個人的生活方向，還能創造生命的奇蹟。

　　美國作家諾曼‧卡曾斯所著的《病理的解剖》一書中，講過一個關於西班牙大提琴家卡薩爾斯的故事。

　　在九十歲大壽前，卡薩爾斯和兩個人見了面，其中一個就是卡曾斯。卡曾斯說，他實在不願意看到老人過的日子。他的身體是那麼衰老，嚴重的關節炎害得他不得不讓人協助穿衣服。就連呼吸都很費勁，看得出來一定是患有肺氣腫；走起路來顫顫巍巍，頭不時地往前顛；雙手有些腫脹，十根手指就像是鷹爪般地彎曲著，實在是老態龍鍾。

　　吃早餐前，卡薩爾斯慢慢地走向鋼琴，吃力地坐上鋼琴凳，顫抖地把那彎曲腫脹的手指抬到琴鍵上。突然之間，卡薩爾斯好像完全變了個人，神采飛揚，身體開始活動並彈奏起來，就像一位正當壯年的鋼琴家。卡曾斯描述說：「他的手指緩緩地舒展移向琴鍵，好像迎向陽光的樹枝嫩芽，他的背脊直挺挺的，呼吸也似乎順暢起來。」

　　彈奏鋼琴時，意志力改變了鋼琴師的心理和生理狀態，就是這麼神奇。

　　卡曾斯說，他彈奏巴哈的一首曲子時，純熟靈巧，絲絲入扣。奏起布拉姆斯的協奏曲，手指在琴鍵上像游魚輕快地滑著。「他整個身子像被音樂融解，不再僵直和佝僂，代之以柔軟和優雅，不再為關節炎所苦。」在他演奏完畢離座而起時，跟他當初就座彈奏時全然不同，他站得更挺，看起來更高，走起路來雙腳也不再拖著地。他飛快地走向餐桌，大

口地吃著飯，然後走出家門，漫步在海灘的清風中。

卡薩爾斯是那麼熱愛音樂和藝術，因為那不僅使他的人生美麗、高貴，而且每天都帶給他神奇。正是靠著這種意志力的支撐，把一個疲憊的老人化為活潑的精靈。

生老病死，人生有太多無奈，更不要說種種挫折和失敗了，它們都是在所難免的。但人生其實需要挫折，有挫折的人生才能讓你在拚搏中體驗征戰歷程的美。「人生好比兩瓶必要喝的啤酒，一瓶是甜蜜的，一瓶是酸苦的，你先喝了甜蜜的，其後必然是酸苦的。」這是蕭伯納說過的話。面對挫折，你只不過先喝了酸苦的，又何必耿耿於懷呢？但能否將酸苦的化為甜蜜的，關鍵則在於你自己是否有足夠的意志力。

面對挫折，如果你害怕了，那麼你就失敗了。如果你不害怕，你就可以用堅忍的意志力和必勝的決心來戰勝挫折，迎來成功。一個長跑選手或游泳選手在到達終點以前退出比賽，那麼就和沒有參賽沒什麼兩樣。空軍轟炸機的飛行員知道在戰爭中他們如果未能擊中指定的目標，那麼他們就必須持續轟炸直到命中目標為止，這是他們必須完成的任務。他們深知，幾乎命中比差幾公里好不到哪裡去，同樣是無效的攻擊，所以他們才會堅持下去，直至最終達到目標。

成功的人有時也是被逼出來的。但是這種逼迫來自自身的意志力。「退出比賽的人永遠不會獲勝，而勝利者永不

放棄。」估計大多數人都會認可這句話。成功的人之所以成功，就是因為他們的堅忍不拔，積極地追求成功。事實上，頑強的意志力便是成功的保證，是面對挫折的法寶，是奇蹟誕生的暖床。

意志力不僅可以讓我們在挫折面前充滿勇氣地堅持下去，更能讓我們抵制各種誘惑，擁有更強的自制力。

在古希臘神話中，遙遠的海面上有一座島嶼，石崖邊居住著唱魔歌的海妖塞壬三姐妹。半人半鳥的塞壬姐妹們坐在一片花叢裡，唱著蠱惑人心的歌，甜美的歌聲把過往的船隻引向該島，然後撞上礁石船毀人亡。過往的船員和船隻都受到迷惑走向毀滅，無一倖免。特洛伊戰爭的英雄奧德修斯也要路過這片海島，女神喀耳斯事先給了他忠告。為了對付塞壬姐妹，他採取了謹慎的防備措施，讓同伴們用蠟封住耳朵，免得被女妖的歌聲所誘惑；而他自己卻沒有塞住耳朵，他想聽聽女妖的聲音到底有多美。為了防止意外發生，他讓同伴們把自己綁在桅杆上，並告訴他們千萬不要在中途給他鬆綁，他越是央求，越要把他綁得更緊。就這樣，他們才順利通過了女妖居住的海島。

雖然是神話故事，但現實中類似的事情卻比比皆是。所有引誘我們犯錯甚至犯罪的事情，都相當於塞壬女妖。而意志力，就是堵住耳朵的蠟和捆綁奧德修斯的繩索。

很多人都知道某種誘惑能滿足自己當前的需要，但卻會

妨礙自己達到更大的成功或長久的幸福。可是，依然有很多人缺乏自制力，因為克制欲望、抵抗誘惑的確很困難。其實人與人都是很相似的，不同就那麼一點點。這一點點，在相當程度上，就是一種自我克制的能力。這種能力，就是意志力的重要表現，而它，對一生的成功都很重要！

2.如果你不能堅持，那不如趁早放棄

　　我承認，意志力的確非常重要，它會幫我們在遇到挫折的時候不放棄，所以古往今來從來都不缺乏歌頌它的言語，不管是「有志者，事竟成」「有恆為成功之本」，還是「精誠所至，金石為開」「皇天不負苦心人」，都在教我們堅持。這沒問題，認定的事情絕對不能輕易放棄。但是，我從來都不認為，不管任何時候任何情況我們只有堅持一個選項。

　　是堅持還是放棄，需要看天時地利，因勢利導。該堅持的時候不要放棄，該退讓的地方不要強爭，形勢有利應當堅持，力有不逮趁早放棄。關鍵是你要對所堅持與放棄的事情有一個正確的評估，更重要的是要會審時度勢，以變應變。

　　科學家們老是喜歡拿老鼠做實驗，讀書的時候，我們應該都看過不少實驗和結論。但偏偏是我自己讀到的一個故事

印象最為深刻，多年來一直在提醒我。故事是這樣的：

有一位麥爾教授，他把老鼠聚集在一個平台上，讓牠們一隻隻往下面兩個門跳。跳向左門，牠會碰得鼻青臉腫；跳向右門，門卻會打開，門後是美味的乳酪。小老鼠當然不笨，訓練幾次之後，就快快樂樂地老往右門跳去，不再摔得鼻青臉腫。

可是，就在小老鼠的選擇方式固定了的時候，麥爾把乳酪從右門移到左門。本來以為可以飽食一頓的老鼠現在又碰得鼻青臉腫，牠不知道客觀情勢已經改變了。幸好，摔了幾次之後，牠又漸漸熟悉了新的情況：原來乳酪在左邊！

問題是，這個時候，麥爾又有了新花樣。他把門的顏色重新漆過，把乳酪一會兒放左一會兒放右，老鼠在新的習慣形成之後，發覺原來的抉擇方式又行不通，牠必須不斷地適應新情況，不斷地修正自己的行為……

終於，老鼠變不過來了，牠的下一個反應就是「以不變應萬變」。麥爾發覺，在應變不過來的時候，老鼠就搞「擰」，開始固執起來，根本就拒絕改變方式。譬如說，如果牠已經習慣於跳向左門，你就是把乳酪明明白白地放在右門口，讓牠看見，牠仍舊狠狠地往左門去碰腫鼻子，越碰就越緊張。如果實驗者在這個關口繼續強迫牠去做跳左或跳右的抉擇，老鼠就往往會抽筋、狂奔、東撞西跌或咬傷自己，然後全身顫抖直到昏迷為止。換句話說，這隻老鼠已經「精

神崩潰」了。

麥爾教授歸納出導致老鼠「精神崩潰」的五個階段：

第一個階段，對某一個難題（左門或右門），讓老鼠逐漸培養出一種應對的習慣來（選擇右門：右門有乳酪）；

第二個階段，客觀環境改變，老鼠發覺慣有的方式已經不能解決問題，因此感到驚駭；

第三個階段，不斷地焦慮與挫折、失敗之後，牠就固執地以舊有的方式面對新的情況，不計後果（就是看見乳酪出現在右邊，仍舊往左邊闖）；

第四個階段，根本放棄努力（乳酪也不吃了，乾脆餓死）；

第五個階段，如果外力迫使牠非解決問題不可，牠就又回到牠所習慣的舊方式（左門就是左門，非左門不可）。當然又碰得鼻青臉腫，餓得頭昏眼花。明明只要換個途徑就解決了一切，牠卻固執地在習慣行為中飽受挫折與失敗的煎熬，最後以崩潰結束。

我們人類，其實也只不過是一隻有可能精神崩潰的老鼠。人生的每個階段裡，都有看似不可解的難題，時時強迫我們做抉擇：考試失敗了、愛人變心了、婚姻破裂了、工作失去了……每一個難題都需要一個解決的辦法。究竟乳酪在左邊還是右邊？不管是左是右，當一個人不再能以「新」的方式來應付「新」的情況，當他不計後果、根本拒絕改變自

158

己的時候，他就是一隻弄「撰」了的老鼠。如何不讓自己老去撞一扇沒有乳酪的門而鼻青臉腫，需要的是彈性與智慧。

《易經》中說：「窮則變，變則通，通則久。」一個人如果一意孤行，往往會自討苦吃。我發現，工作中很多人做事認真負責，也有做好事情的上進心。然而，面對難題時，一個方法試了很多次毫無成效，還是很有「耐心」地再來一遍。對於成效不彰雖不免心急，卻因不知變通，或不知道如何變通，只能乾著急，或是期待有一天奇蹟會出現。雖然有心把事做好，事情的進展卻甚為緩慢，殊為可惜。

事實上，時間也是一種成本，為了避免浪費太多時間，我們最好養成一種好習慣，即「一種方法最多試用三次」的習慣。如果一種方法連續試用了三次都沒有效果時，表明這種方法存在問題，可能是考慮得不夠周到，此時應該讓自己退回到起始位置，重新進行思考，尋找另一種方法。針對某件具體事物是這樣，對於人生的很多選擇，也同樣如此。

被譽為「中國光纖之父」的中國工程院院士趙梓森，早在青年時代，就曾經三換大學。他最初考取的是浙江大學農業化學系，讀了近一年，覺得沒興趣，就主動輟學。第二年再考，被復旦大學生物系錄取。他還是不喜歡，就說服家人，最後上了大同大學電機系（1952年併入交通大學電機系）。如果他當年不果斷地改變路線，很可能今天就沒有這麼輝煌的成就，「光纖之父」的美譽也不會落到他的頭上。

　　如果發現正在走的路不適合自己，就要敢於放棄，善於尋找，最後你總會找到一條適合自己的路。對於根本就做不了或是達不到的事情，或者永遠都不可能實現的目標，應該盡早放棄，不要死纏爛打，否則只會使自己深陷失敗和痛苦中。如果你走的路本來就是錯的，你還非要以不屈不撓、百折不回的精神去堅持、去爭取，那麼只會南轅北轍，離目標越來越遠，不是嗎？

3.你之所以「low」，是因為你不敢挑戰有高度的事

為什麼有的人條件差，卻混得比你好？這是很多人都在琢磨的一個問題吧。至少，我多次聽到一些年輕人憤憤不平地反問。如果你還沒能過上自己喜歡的生活，那你恐怕只能反省自己，因為思路決定出路。你之所以「low」，是因為沒有嘗試做些高級和有難度的事。或者，你想了很多次，也嘗試過，但沒有一次做成。

但不管怎樣，這個世界上，沒有一步是浪費的。你給生活機會，它才可能會贈予你風景。無論如何，如果你不服輸，都要從當前的生活中抬起頭來，問問自己為什麼還沒有過上想要的生活，為此你應該做出哪些努力。

1965年的日本有個年輕人剛從早稻田大學畢業，他在為自己的人生努力著。

　　這個日本人每月雷打不動地堅持把工資和獎金的三分之一存入銀行，儘管許多時候他這樣做會讓自己手頭拮据，但他仍咬咬牙照存不誤，有時甚至借錢維持生計也從來不去動銀行的存款。

　　而在大洋彼岸的美國，1902年的時候，也有一個年輕人在為自己的人生努力著。與日本人相比，這個美國人的情況就更糟糕了，他整天躲在狹小的地下室裡，將數百萬根的K線一根根地畫到紙上，貼到牆上，接下來便對著這些K線靜靜地思索，有時他甚至能面對著一張K線圖發幾個小時的呆。後來他乾脆把自美國證券市場有史以來的紀錄收集到一起，在那些雜亂無章的數據中尋找著規律性的東西。由於沒有客戶掙不到薪水，許多時候這個美國人不得不靠朋友的接濟勉強度日。

　　這樣的情況，在兩個年輕人的世界裡各自延續了6年。

　　6年的時光裡，日本人靠自己的勤儉積蓄了5萬美元的存款；美國人集中研究了美國證券市場的走勢與古老數學、幾何學和星象學的關係。

　　6年後，日本人用自己在艱苦的歲月裡仍堅持節衣縮食積累財富的經歷打動了一名銀行家。從銀行家那兒，他獲得了創業所需的100萬美元的貸款，創立了麥當勞在日本的第一家分公司，從而成為麥當勞日本連鎖公司的掌門人，他叫藤田田。

同樣是在6年後，美國人成立了自己的經紀公司，並提出了一個有關證券市場發展趨勢的預測方法，他把這一方法命名為「控制時間因素」。他在金融投資生涯中賺取了5億美元的財富，成為華爾街上靠研究理論而白手起家的神話人物。他叫威廉・江恩，世界證券行業盡人皆知的最重要的「波浪理論」的創始人。如今，他的理論被譯成了十幾種文字，成為世界各地金融領域從業人員必備的知識。

這兩個人的人生，我無意褒貶。不管是靠節衣縮食攢錢起家，還是靠研究「不靠譜」的K線理論致富，這兩個看似風馬牛不相及的故事有一個共同點，白手起家改變命運不是不可能，只是你需要有野心，對人生有自己的規劃，也就是有思路。最重要的是，你要努力去做，為成功創造、積累條件。

我相信，每個年輕人曾經都有夢想，都渴望成功，然而志大才疏、眼高手低往往是阻礙年輕人成功的最大障礙。他們看到的只是成功人士功成名就時的輝煌，卻往往忽略了他們在此之前所付出的艱苦卓絕的努力。而事實上，人世間沒有一蹴而就的成功，任何人都只有透過不斷地努力才能凝聚出改變自身命運的爆發力。

還有一些年輕人，則是如同馬雲所說的那樣：「晚上睡覺千條路，早上起來走原路。」為什麼呢？一方面他為大腦中的那些火花而激動，但是另一方面，他的內心會不斷地產

生「萬一失敗了怎麼辦」「我真的可以嗎」這樣一些令自己膽怯退縮的消極疑問。而且，他還會被周圍喋喋不休的告誡和規勸所左右。於是，很多人的理想和計畫都被無情地淹沒在自己那害怕失敗的心理裡。最後選擇了「現實」，於是一切照舊。

可是，你必須戰勝對失敗的恐懼，相信自己很強大，能夠做到，否則終將一事無成。

19世紀末期，美國的一名牧師覺得當時的大學教育是面向精英的教育，許多人因為家庭狀況等原因被拒之門外。他認為大學的作用應該是為各種各樣的人群在工業時代扮演更有意義的角色而服務。他決定自己辦一所大學，實現自己的辦學理念。

一個牧師，想自己辦學校？這是不可能的事。其實不是不可能，只是至少需要100萬美元。上哪兒去找這麼多錢？靠自己去掙，那太遙遠了。於是，他每天都苦思冥想如何能有100萬美元。別人都認為他有神經病，做夢天上掉錢來。但他不以為意，堅信自己可以籌到這筆錢。

終於有一天，他想到一個辦法。他打電話到報社，說他準備明天舉行一個佈道，題目叫《如果我有100萬美元怎麼辦》。報社對這個年輕人很感興趣，就把這則消息刊登了出來。第二天，他的佈道吸引了許多人參加，面對台下的群眾，他在台上全心全意、發自內心地說出了自己的構想。

演講完畢，一個叫菲利普‧亞默的商人站起來，說：「你講得非常好。我決定給你100萬美元，就照你說的辦。」

就這樣，他用這筆錢辦了亞默理工學院，也就是現在著名的伊利諾理工學院的前身。而這個牧師，就是後來備受人們愛戴的教育家弗蘭克‧岡索勒斯。

戴爾‧卡內基曾經說過這樣一句話：「成就最大的人往往是那種願意行動而且敢於行動的人，『萬事俱備』號輪船永遠不會駛離碼頭太遠。」

就是這樣，天下沒有白吃的午餐。唯有那些肯思考、善於把握機會的人，才可能從最平淡無奇的生活中找到一絲機會，用自身的行動改變他們的處境。當你學會「動手去做」，世上就沒那麼多難事了。

4.做任何事都不要「想贏怕輸」

「從前的日子過得慢」，那時候，寄一封信可能要花上十天半個月。而現在，生活節奏越來越快，一通電話打不通，大家就急得抓耳撓腮。於是，「急功近利」「想贏怕輸」也成為現代年輕人的一種心理常態。他們在做一件事情的時候，總是急於求成卻又害怕失敗，總想在剛一開始就拿出傲人的成果，卻又害怕把事情搞砸了。

然而，想要保證不出錯只有一種辦法，那就是不去做。既然是做事情，如果存在贏的可能，就一定存在輸的機率，「得」與「失」都是我們成長中不可或缺的滋味。人生中既然有高峰，就阻止不了低谷的出現；能夠體會到成功的快樂，自然逃不掉失敗、錯誤的苦楚。試想一下，在沒有開始做事情的時候，就在想失敗後會是怎麼樣的一種後果，由此產生更多的畏懼心理，怎麼可能會成功呢？

在心理學上，有一個著名的「瓦倫達心態」論斷。這個論斷的原型來源於一個真實的故事，而這個故事的主人翁因為「瓦倫達心態」失去了自己的生命。

瓦倫達是美國一位著名的鋼索表演藝術家，以精采而穩健的高超演技聞名。在他此前的演出生涯中從來沒有出過事故，因此有一次馬戲團在接待一位重要的客人時，這個表演的人選自然就落在了瓦倫達的身上。

在得知觀看自己演出的嘉賓是誰之後，瓦倫達不斷地告訴自己：這一次只准成功不准失敗！如果這一次自己表演成功，不僅能夠奠定自己在鋼索表演界的地位，還會給馬戲團帶來前所未有的口碑和利益。因此自己絕對不能失敗，也失敗不起。他倍加重視，從表演前一天開始就一直在仔細琢磨，每一個動作、每一個細節都想了無數次。

終於，演出開始了。為了讓表演更真實，也為了讓自己表演得更加精采，他這一次沒有用保護措施。因為他覺得自己的表演生涯中從來沒有出過錯，但是意想不到的事情還是發生了。當他剛剛走到鋼索中間，僅僅做了兩個難度並不大的動作之後，就從10米高的空中摔了下來，一命嗚呼。

事後，他的妻子說：「我知道這次一定會出事，因為他在出場前就不斷地說『這次太重要了，絕對不能失敗，只能成功』。而在以前的每一次表演前，他從來沒有這樣

過。以前只是想著走好鋼索這事的本身，不去管這件事可能帶來的一切。」

瓦倫達太想成功，太專注於事情本身，太患得患失了。如果他不去想這麼多走鋼索之外的事情，以他的經驗和技能是不會出事的。心理學家把這種為了達到一種目的總是患得患失的心態命名為「瓦倫達心態」。

瓦倫達在遇到大人物之前的表演，從來沒想過自己要借此成為表演界的名人，而是以一顆平常心去對待自己的每一場表演，沒有那麼多的「我只能贏，不能輸」的心理，所以每一次都取得了成功。在遇到大人物之後，由於自己的動機發生了改變，給自己只能成功不許失敗的暗示，當自己的精神不能全部集中於表演之上，行動往往就會出問題，要麼不協調，要麼出偏差。只是，瓦倫達付出的是生命的代價。如果瓦倫達能夠在表演的時候把心放在一種平靜悠然的境地之中，以一顆平常心去對待，不去想表演的好壞與成敗，想必還會是一次完美的演出。

無獨有偶，《莊子》中也記載了這樣一個故事：一個賭徒拿著瓦礫去賭時，幾乎是逢賭必贏；而當他拿著萬兩黃金去賭時，卻輸得一敗塗地。德國心理學家也曾做過一個實驗：在給小小的縫衣針穿線的時候，你越是全神貫注地努力，線越不容易穿入。這種現象被稱為「目的顫抖」，目的性越強就越不容易成功。

太想穿過針眼的手在顫抖，太想打好球的手在顫抖，太想走好鋼索的腳在顫抖，太想贏的心在顫抖。人都有這麼一個弱點：當對某一件事過於重視時，心裡就會緊張，而一緊張，就會出現心跳加速、焦慮、精力分散等不良反應。這一連串的不良反應會使我們的才能無法正常發揮，最終導致我們的失敗。

所以，既然做任何一件事情我們都不能保證百分之百的成功，為什麼不給失敗一個心理準備呢？那樣，反倒有助於擁有一顆平常心，讓你可以更順利地實現目標。

只可惜，在現實生活中，我們做任何事情，總是想得太多，太在乎事情本身所帶來的後果，太在乎別人的眼光，太在乎事情的結果，太在乎成功，太恐懼失敗……我們太在乎的有太多太多，可是唯一不在乎的就是我們恰恰忽略了事情本身。

在我們開始做一件事情的時候，我們的大腦被各種成功的欲望和失敗的恐懼所佔據，身體和心理都承受了超出本身承受範圍的重荷。在這樣的重荷下，我們能把事情做好嗎？儘管我們不斷地告訴自己：一定要成功，不能失敗，可是結果總是偏離了我們預定的軌道，離成功越來越遠！

所以，當我們下定決心做一件事情的時候，就不要再考慮太多與做這件事情無關的問題，不要讓功利心所引發

的擔憂影響了自己的判斷。我們要學會給自己許多嘗試的
機會和探索的時間，打好自己的基礎，累積經驗，開拓能
力，不要畏首畏尾，拋棄「只能贏卻又畏懼輸」的心理，
才能讓各種各樣的風險與挑戰迎刃而解。

5.跟半途而廢相比，失敗和被拒絕並不丟人

　　這個世界上，絕大部分人的人生都是不平坦的，失敗、挫折和被拒絕始終伴隨著每一個人的人生。但是真正的失敗者並不是被失敗的結果打敗，而是面對失敗時認輸，從此一蹶不振。最終能取得成功的人，往往可以從以前的失敗中總結出失敗的原因和教訓，給自己的成功增加更多的可能性。兩種不同的心態，造就了兩種不一樣的結果。

　　有一個男孩，出生在美國印第安納州，5歲的時候，失去父親；14歲的時候輟學到農場幹活，還做過售票員，但是都好景不長；16歲從軍，做了幾個月的士兵，最後以退伍告終；18歲的時候結束了第一段失敗的婚姻，所有的家產被變賣，妻子也落跑；之後做過輪胎推銷員，當過輪船駕駛員，開過加油站，但最終都以失敗告終。

　　他的人生看起來就是一個徹頭徹尾的失敗，活到60歲的時候依然一事無成。我想這個時候，大部分人一定會選擇放棄，就這樣平平淡淡地過最後幾十年算了。但是故事中的主人翁卻並沒有放棄，他在暮年的時候，開始利用自己手裡的炸雞秘方做快餐，終於在70歲的時候，取得了成功，他就是肯德基老爺爺——哈蘭德·桑德斯。如今，這個世界上各大城市的肯德基店裡都可以看見他的頭像，不管是小孩還是大人，大家都鍾愛這種快餐。

　　桑德斯曾經說過：「人們經常抱怨天氣不好，實際上並不是天氣不好。只要自己有樂觀自信的心情，天天都是好天氣。」如果在失敗面前一蹶不振，成為讓失敗一次性打垮的弱者，無疑是無勇無智之輩；假如遭受失敗的打擊後不知反省，不善於總結經驗，但憑一腔熱血猛衝猛撞，要麼頭破血流，要麼事倍功半，即便成功，亦如曇花一現，此為有勇無智之人；倘若遭受失敗的打擊後，能夠審時度勢調整自我，在時機與實力兼備的情況下再度出擊，勇往直前，直達勝利，這才是智勇雙全的成功之士。沒有隨隨便便的成功，也沒有毫無價值的失敗。善於總結經驗教訓，方能贏得成功。

　　說完了失敗，我還想說一說被拒絕。毫無疑問，沒有人喜歡被拒絕，我也不喜歡。所以，我總是聽到很多人抱怨自己遭遇的拒絕。尤其是那些剛畢業，懷著一腔熱血想要大幹

一場的畢業生們，在找工作的過程中，他們發現，現實沒有自己想像的那麼美好，自己鍾情的企業，並不一定想要你。於是，他們受到了各種各樣的拒絕，投出去幾十份簡歷，可是得到的回覆卻寥寥無幾。這讓懷著滿腔熱血的他們，心裡的溫度慢慢降至冰點以下，甚至有人開始懷疑自己是不是有問題，為什麼沒有人要自己呢？

客觀地剖析人與人之間的關係，其實就是一種互相選擇的關係。為什麼這樣說呢？一家公司錄用你，不是因為你是最優秀的，也不是因為你是最聰明，只是因為恰好你是他們最需要的那類人。反之，你被拒絕，並不是你有問題，而是你剛好不符合他們所需要的那類人而已。

如今的阿里巴巴在電子商務行業可謂是如日中天。阿里巴巴的創始人馬雲，也是眾多年輕人心目中的偶像，但是馬雲在一次與世界名嘴查理·羅斯對話的時候，自稱已經習慣了失敗和被拒絕。他說：「我高考失敗了3次，復讀了3年才進入大學。很多人都沒想到的是，我考重點小學失敗了2次，考中學失敗了3次。」至於被拒絕，也是家常便飯，「我習慣了被拒絕，我也明白自己沒有那麼好。我復讀了3年，參加過30多次面試，都以失敗告終。我參加警察的招聘，5個人裡錄取了4個，我是唯一被拒絕的。甚至後來參加肯德基服務員的面試，24個人面試，錄取了23個人，我又是唯一一個被拒絕。我向哈佛大學遞交過10次入學申請，每次都毫無例外地

被拒絕。」

　　馬雲就天生喜歡被拒絕嗎？肯定不是。被拒絕的滋味不好受，有的人會憤怒，有的人會有挫敗感，有的人覺得特別傷自尊。和別人不一樣的是，他沒有放棄，並且取得了不小的成功。「一路來最讓我感到驕傲的事情不是取得了什麼成績，不是存活下來，而是化解每一次危機，戰勝每一個挫折。」

　　在失敗和被拒絕面前，不論個人感受如何，我們都需要接受事實，然後用冷靜的思考代替心中的不滿，因為對自己做出反省並找出原因，這才會減少下次被拒絕的可能性。否則，接下來等待自己的依然不會是否極泰來。

　　如果一個人把眼光限於挫折的痛感之上，他就很難再抽出身來想一想自己下一步如何努力，最後如何成功。

　　在失敗和被拒絕面前，你戰勝自己一次，就更強大一次。每一次戰勝自己，都會激發設定更高目標去超越的動力。每一次對於更高目標的完成，會增加我們的自信心，對我們的能力充分肯定，給予我們困境中堅信自己、戰勝自己的信心。這是個良性循環，會像滾雪球一樣，越滾越大，刺激著我們不斷前行，走得更遠。

　　如果總是打敗自己，就會進入一個惡性循環，面臨困境時總是想起上次的失敗，給自己一個消極的訊息，告訴自己這件事情我無法做到，那麼無疑會一次次地吞下失敗的苦

果。因為放棄就是打敗自己的開端。正如錘子科技創始人羅
永浩所說：「失敗只有一種，那就是半途而廢。」

6.人生如水，只有煮開了，才能沸騰

失敗和被拒絕，並不是多丟人的事情。那什麼才丟人呢？徹底放棄自己的人生，那才是丟人。不管你用多麼冠冕堂皇的藉口去掩飾自己的不作為，都改變不了自己實際上過著間歇性躊躇滿志、持續性混吃等死的生活這一事實，你自己很清楚。

在北京、上海這樣的大城市，會有這樣一個群體，他們大都是二十來歲的年輕人，住在分隔的小房間裡，只有一兩坪大的房間，大小只夠放一張桌子和一張床，連轉身都有困難。他們之中的很多人，選擇艱難地漂在這個城市裡，是希望能改變自己的命運。但同樣有一部分人，我看到的是，他們已經徹底放棄了自己的人生。

有一次我問過一位這種處境的年輕小伙子，他還不是外地人，出生在北京。我說難道你從來沒有想過，有朝一日也

能在這個城市買下一間屬於自己的房子嗎？他忙不迭地搖頭說：「房價這麼高，我根本不敢妄想買房子，現在能付得起房租就已經不錯了。」

我又問他，如果女朋友因為你名下沒有房子而不跟你結婚怎麼辦？結果他回答：「這房價，我自己買房子是不可能的。即便我家裡幫我湊出頭期款，我也還不了貸款。只能問女友，願不願意結婚後跟我爸媽住在一起，如果不願意，那也沒辦法。」

的確，對於年輕人來說，這的確是一個大環境相對更加嚴苛的時代，收入微薄，但房價與物價卻飛漲，所以現在的白領，每個月薪水領了也像「白領」。曾經從一無所有走過來，我可以體會年輕人對未來不確定感的焦慮，但是我不能理解，為什麼他們年紀輕輕就如此絕望，為什麼連夢都不敢做，連自己的人生都不願意負責。房價高物價高，只不過是他們拿來當作逃避現實的藉口而已。

一個人必須先改變心態，未來才會更加美好。或許每個人的起點不同，但幸好這是一個充滿機會的時代，不能因為自己起點低就放棄出眾的資格。只是，一個人如果總抱著「loser」（失敗者）的心態，就會桎梏自己的心靈，讓自己始終被生活羈絆，心靈蒙上了灰塵，行動膽怯，不願意付出，也不敢付出。最後，一次次地錯過各種機會，在時代的浪潮中成為棄兒。

　　窮困不怕，怕的是窮的心態。始終認為自己這輩子只能是一個窮人，就只能在時代的挑戰中故步自封。出生時的貧困不是自己的原因，死亡時的貧困就要反思了。

　　法國有位貧窮的年輕人，經過十年的艱苦奮鬥，終於成為媒體大亨，躋身於法國50名大富翁之列。1998年他去世，他的律師將他的遺囑刊登在當地報紙上，遺囑中說：我也曾是窮人，知道「窮人最缺少的是什麼」的人，將得到100萬法郎的獎賞。幾乎有兩萬人爭先恐後地寄來了自己的答案。答案五花八門。大部分人認為，窮人最缺少的是金錢。另一部分人認為，窮人最缺少的是機會、技能……但沒有人答對。一年後，他的律師公開了答案：「窮人最缺少的，是成為富人的野心！」

　　這個謎底震撼了歐美，幾乎所有的富人都予以認可，說出了自己成為富人的關鍵所在。這裡說的「野心」，準確地說，應該是我們常講的「雄心壯志」。我們難以設想，一個心志不高的人，一個沒有遠大目標的人，一個不想成功的人，能夠創造出什麼奇蹟。

　　新一屆的學生要畢業了，最後一堂課，教授把他們帶到了實驗室。

　　教授取出一個玻璃容器，往容器裡注入了一些清水，說：「這是常態下的水，如果把它倒進一條小溪裡，它能流入大河，然後和許多水一道奔流著湧進大海。」教授把盛水

的容器放進一旁的冰櫃說：「現在我們將它冷凍。」過了一段時間，容器端出來了，容器裡的水凝成了一塊晶瑩剔透的冰塊。教授說：「0℃以下，這些水就成了冰，冰是水的另一種形態，但水成了冰，它就不能流動了，諸如極地的一些冰，它們待在那裡幾千年幾萬年了，幾公里外的地方它們都去不成，更別說流進大河、流向大海了。它們的全部世界就是它們立足的那丁點兒地方。」

「現在，我們來看水的第三種狀態。」教授邊說邊把盛冰的玻璃容器放到了酒精爐上，冰漸漸融化了，咕嘟咕嘟地翻騰出一縷縷蒸汽，在實驗室裡靜靜瀰漫著。沒多久，容器裡的水蒸發乾了，教授關掉酒精爐說：「水到哪裡去了？它們蒸發到空氣裡，流進藍藍的、遼闊無垠的天空裡去了。」

教授瞅一眼那些迷惑不解的學生說：「水有三種狀態，人生也有三種狀態。水的狀態是溫度決定的，人生的狀態也是自己心靈的溫度決定的。假若一個人對生活的溫度保持在0℃以下，那麼這個人的狀態就是冰，他的整個人生世界也就不過是他雙腳站的地方那麼大；假若一個人對生活和人生抱持平常的心態，那麼他就是一灘常態下的水，他能奔流進大河、大海，但他永遠離不開大地；假若一個人對生活和人生的態度是熾熱的100℃，那麼它就會變成蒸汽，成為雲朵，他將飛起來，他不僅擁有大地，還能擁有天空，他的世界將和宇宙一樣大。」

　　你呢？你的人生處於哪種狀態？也許二十多歲的你正處於一生中的最低點，沒有錢，沒有地位，沒有事業，沒有足夠的能力，沒有人脈，什麼都沒有，只有迷惘的前途。但是，只要你沒有放棄自己，誰說你就不能逆襲？因為，事實上你只是遠沒有自己想像中的那麼努力。生活是自己的，請用最大的誠意去對待。比起得過且過，我還是想豐盛熱烈地活，你呢？

7.艱難的不是困境本身，而是改變現狀

　　人生沒有等待，對我們所有人來說，生活不是只有現在。不管現在你的處境怎樣，都需要有一顆上進的心，不管你現在從事的是什麼職業，不管你現在的職位是什麼，只要有一顆上進的心，你就會不斷地成長。只要成長，你總有一天會成功的。

　　而在你沒有成功之前，一定不要放棄自己成長的機會，一定不要否定自己成功的可能。人的成長是不可預知的，只要你有一顆上進的心，永不放棄，你就會有所成就，哪怕你現在什麼都不是。我們畢竟不是生來就注定失敗的。

　　有人說，我之所以沒有成就，就是因為家境太差。還有人說是因為自己沒有趕上好時機，還有人說是因為年紀太輕，還有人說是因為經濟不景氣，還有人說是因為口才不好，沒有錢，沒有人幫助……他們會找上許多許多的原因。

　　當你給了自己一個限制，告訴自己無法成功的理由是什麼，你就真的沒有成功的機會了。一天到晚只會告訴自己：「我不能……，我無法……，我做不到……，好困難……，因為我太笨，因為我沒學歷，因為這個世界不公平，因為我剛結婚……，因為我孩子太小……，因為我太大……，所以我不能成功。」所有這些都成了你不敢去做的藉口。

　　世界再不公平，有沒有人改變命運？經濟再不景氣，有沒有人成功？口才不好但成功的人有沒有？沒有本錢但後來成功的人有沒有？如果有，為什麼他們能，你不能？你沒有發財永遠不會是因為你太年輕，你沒有含著金湯匙出生，你年紀太大……這些都不是理由，真正的問題在於你的自我限制。

　　當你告訴自己因為什麼原因自己不可能成功時，你等於在頭腦中對自己下了一道命令，限制自己去發揮自己所有的能力。沒有人規定怎樣才能成功，沒有人限制你，是你自己限制自己。假如你的人生中不給自己任何限制，我相信沒有人能限制住你。

　　安東尼·羅賓說得好，我們每個人的潛能都是無窮無盡的，然而能發揮多少，就全看我們對自我是怎麼認定的。比如說，如果你認定自己是一個有能力、有才華的人，那麼就會發揮出符合你這樣認定的一切天賦；同理，不管你認定自己是個窩囊廢、瘋子，還是認定為是個贏家或風雲人物，這

都會馬上影響你對自己能力的支取。

安東尼‧羅賓曾講過這樣一個故事：許多年前，重量級拳王吉姆有一次看見一個漁夫正將魚一條條地往上拉。吉姆注意到，那漁夫總是將大魚放回去，只留下小魚。吉姆好奇地上前問那個漁夫為什麼只留下小魚，放回大魚。漁夫答道：「老天，我真不願這麼做，但我實在別無選擇，因為我只有一口小鍋。」

在你大笑之前，羅賓提醒你，他實際是在講你呢！許多時候當我們想到一個大的主意時，往往會告訴自己：「天啊！可別來個這麼大的！我只有一口小鍋呢！」我們更常常自我安慰道：「更何況如果是一個好主意，別人早該想到了。就請賜給我一個小的吧！不要逼我走出舒適的小圈子，不要逼我流汗。」安東尼‧羅賓指出：在我們每個人的生命中，都會面臨許多害怕做不到的時刻，因而畫地自限，使無限的潛能只化為有限的成就。

所以，為什麼要自己綁住自己呢？這不是很愚笨的一個舉動嗎？可偏偏這種人到處都是。在他們的思維習慣裡有太多的「不可能」，許多事情還沒有動手做，自己先想當然地否決了，自然偃旗息鼓、不戰自敗，這就是許多人不能成功的原因所在。

如果你同時具有上進的心和敢於冒險的勇氣，那你離成功就不遠了。勇氣與毅力，學識與智慧，還有胸懷，都是成

功的關鍵因素。

即便面對困境，艱難的也不是困境本身，而是我們不肯改變現狀。只要你有在困難中做出改變的決心，總會想到打破困境的方法。

有一個小伙子，為了生計到北京三里屯菜市場賣菜，每天都辛勤工作，做了五年，在北京這樣的大城市除了勉強糊口之外所剩無幾。眼看自己早晚還是要離開這座大城市回老家娶妻生子，小伙子很是惆悵。

有一次，他發現老外總在他的菜攤上挑選那些看上去「小巧精緻」的菜，就問為什麼。原來中西方飲食文化不同，外國人認為小巧的菜品不僅漂亮而且營養豐富。於是小伙子在進貨的時候就專門買那些「小巧」的菜品，因為中國人都喜歡看起來個頭大的，所以小巧的菜相對便宜。就這樣，小伙子吸引了很多外國人，生意很快就紅火起來了。隨著生意越做越大，他還在京郊的大興區買了一塊地，建立了自己的蔬菜生產基地。

再後來，他作為「中國賣菜工第一人」，收到了美國農業部的邀請，遠赴美國進行半個月的實地考察，學習美國的農業技術和管理經驗。

其實，走出困境沒有你想像的那麼艱難，你需要做的就是一點點地去改變，一旦量變成為質變，你就會獲得完全不同的結局。每個人的一生都不可能一帆風順，總會遇到各種

各樣的困境，處於困境中的你，需要做的就是改變自己、改變方式。就像賣菜的小伙子一樣，一點小小的改變，最終讓自己走出困境。

　　不管是工作還是生活，面對困境的我們，都需要這種心態，勇於改變自己現狀的心態。如果你處於順境，你要居安思危，有前進的意識，不要安於現狀，否則你一定會被逐漸拋棄；如果你身處困境，你更需要有敢於改變自己的決心與勇氣，唯有如此，才能走出困境，擁抱成功。

8.能掌控自己的人，才是情商高的人

前些年的一個晚上，和一個比我晚入職但當時已經是一位經理級別的同事吃飯，在飯桌上，她問我：「你覺得為什麼我能夠短短幾年間從一個初入職場的菜鳥到現在的位置？」我想了想說：「你總能很好地控制自己的情緒，即使你當時的想法是強烈反對，也會用一個讓人舒服、易於接受的方式去溝通，而不是把你的意志強加在別人身上，並且執行力很強。」她笑了笑說：「我的確是從自控力上受益匪淺。但是你知道嗎？曾經的我和現在截然相反，我給你講一個發生在我身上的真實故事吧！

「我本科畢業準備考研的時候，一直擔心自己考不上心儀的高校，還擔心萬一因為成績低而選擇不了自己心儀的專業，更擔心自己心儀的導師看不中自己。當時我是真的很焦慮，念書的時候，常常看著看著就看不下去，就會想到這些

186

可能的問題。當時我很希望自己的男朋友能安慰我，緩解我的焦慮。而男朋友總是說：『親愛的，你不要擔心，放鬆自己，即使考不上又有什麼關係呢，不是還有我嗎？』

「當時我感覺男朋友真笨，連安慰我的能力都沒有。在隨後的日子裡，我對需要男朋友來安慰我達到平復自己焦慮的欲望越來越加強烈，而在此期間，我們的吵架、冷戰也成為了一種常態，直到我順利考上研究所。再後來，我發現，其實當初我總覺得男朋友安慰不了我，並不是男朋友真的不會安慰人，而是當時的我控制不了自己的情緒，所以我寄託於男朋友，希望他能安撫我，控制我的情緒，將我從惶惶不安中拉出來。後來，當我發現自己能逐漸控制自己的情緒之後，這一切都已經不再是障礙了。從此我知道了，控制自己的情緒是非常重要的。」

很多時候，我們就是這麼奇怪，因為無法控制自己的情緒或者行為，所以就特別希望透過別人來達到控制自己不良情緒的目的。事實上，外力哪裡有你內在的力量大呢？

情商高的人，往往是有強烈自控力的，和他們相處，總會讓人舒服。所以，大家都喜歡他們，他們也就更容易成功。

1960年，著名心理學家瓦特・米歇爾做了一個軟糖實驗。透過這個實驗，他驗證了情商對一個人的成長和成功的重要性。

　　這位心理學家在史丹佛大學的幼兒園召集了一群四歲的小孩，把他們帶到了一個大廳，然後在每個人面前放了一顆軟糖，告訴孩子們：「小朋友們，老師要出去一會兒，你們面前的軟糖不要吃它，如果誰能夠堅持到老師回來，就能夠再得到一顆棉花糖。」接著，他就走了，然後在外面觀察孩子們的表現。

　　這群四歲的小孩，在老師走了以後，大家看著棉花糖，都受到極大的誘惑。有的小孩過一段時間手伸出去了縮回來，又伸出去又縮回來；一會兒過後，有的小孩開始吃了。但是有相當多的小孩堅持下來了，老師回來後，就給堅持住沒有吃棉花糖的，再獎勵一顆。

　　接下來，老師就分析了孩子們堅持下來的原因。有的小孩用數自己手指頭的方法來避免看棉花糖；有的則把腦袋擱在手臂上；有的努力使自己睡覺；有的數數，一二三四，不去看。

　　當這些小孩上小學、上中學後，他們就發現，能控制住自己不去吃棉花糖的，大多數表現比較好，成績也比較優異，合作精神也比較好，有毅力；而控制不住自己的，表現普遍不好，不光是讀中學，進入社會的表現，想必也是如此。

　　正是基於一系列類似的實證研究，1990年，美國的兩位心理學家——比德・拉勒維和約翰・麥耶提出了「情商」這

個詞，當時他們提出的情商叫作情感智商。

情商的英文縮寫是EQ，指的是情緒商數、情緒智力、情緒智能、情緒智慧，也就是我們經常說的理智、明智、理性、明理，主要是指人的信心、恆心、毅力、忍耐、直覺、抗挫力、合作精神等一系列與人素質有關的反應程度，是一個人感受理解、控制、運用表達自己以及他人情緒的一種情感的能力。

你的情商有多高呢？是否足以良好地控制自己？在職場中，情商是非常重要的。

假如你是一位領導者，不管大小，作為公司的管理者，你可能覺得自己手下都有一大批「追隨者」，但是你是以一種什麼樣的方式影響你的「追隨者」呢？是靠個人專長和模範帶頭作用，還是建立在強制性的權力基礎之上？作為一名管理者，你唯一能管理的、控制的只有自己。只有透過管理自己、提升自己，讓自己做好了，然後靠自己的影響力去影響下屬，這才是一名合格的管理者應該做的。

試想一下，如果連自己都控制不了，你如何去控制別人？更何況控制別人只是暫時的，只有自己有好的自控力才能更好地去影響別人。一名領導者如果不會控制自己的情緒，規範自己的言行舉止，以為自己是領導者，自己想發牢騷就發牢騷，想怎麼做就怎麼做，結果可想而知。

其實不管是在工作還是生活中，我們只有學會先控制了

自己，才能給家人、親朋、同事帶來快樂與輕鬆。因為，只有學會控制自己的情緒，自己做到不亂發脾氣，才能不用壞脾氣這顆釘子在親人的身上留下「釘洞」。

正如富蘭克林所說的那樣，一個人除非先控制自己，否則他將無法控制別人。當你在工作或生活中，遇到不講道理的同事或者鄰居時，或者遇到不可理喻的人時……你要做的不是按照你的想法去控制或者改變對方，而是先控制自己，維持你對自己的控制，保持冷靜與沉著，那麼你等於已經維持了你所有的正常情緒，因而可以經由它們獲得理智。否則，你既無法控制自己也無法控制別人，只會令事情越來越糟糕。

本章練習

成功模擬

借助偶像的力量來幫助自己

運用時機

1.當你認為自己氣場不夠強大時。

2.當你想要提高自己的形象分值時。

3.當你想要讓自己更自信時。

練習時間

每天早上、晚上各抽出半個小時，至少每天晚上半小時。

特別提示

這個練習，如果想要收到根本效果，一定要試著發自內心地模仿，在做出種種動作的時候，還要試著模仿對方的內心體驗、信念系統以及基本的心理活動，否則你只是在模仿他的肢體動作而已。

大家可以試著先做一個練習，你可以假裝自己是個嚴肅且呆板的老闆，正在向下屬分配任務，雙手環抱在胸前，你對他們之前的工作很不滿意，拉長了臉，聲音冷冷的，同時臉部做出十分困倦的樣子，這時你有什麼樣的感覺呢？好

了，現在我們換另外一種動作，請你揮舞著胳膊，臉上滿是極為高興的笑容，眼睛充滿神采，並且聲音也充滿了熱情，這時你的感覺是不是一下子就跟先前不一樣了呢？

如果你能體會到兩種狀態的不同，就可以繼續下面的練習了；如果不能，最好先把這個小練習完成，找到感覺後，再進行下面的練習。

（練習內容）

首先要確定你的模仿對象，不管你崇拜馬雲還是普京或者某個電影明星，都沒問題，但你要確定，自己想要擁有他們在哪方面的特質。比如，你可以把目標設定為歐巴馬的口才以及尼克·伍斯特的穿衣打扮。總之，要具體到某個人的某個點。

接下來，你就可以有目的性地找來可供模仿的材料，比如，找來尼克·伍斯特各種街拍的圖片，或者歐巴馬演講的視頻。

一開始，你可以單純地模仿，比如模仿他們的語氣、語調、手勢、面部表情。然後試著分析他們為什麼做得好，再結合自己實際情況加以改造，找出最適合自己的風格。

整個練習的關鍵點在於，我們要用動作來引動情緒。理論上來說，身體四肢的運用，往往會決定我們對各種事物的不同感受，即使是我們臉部極小的表情變化，或一個不為人

察覺的小動作，都會影響到我們的心理感受。但是，假如你不夠用心投入，可能只會學到皮毛，而不能得到精髓。

不過，一般來說，大家只要能堅持下去，都會看到自己身上的改變。跟學習其他技巧一樣，你需要紮實地練習，直到它變成一種習慣。這時候，你會發現自己離偶像更近了。

多認識點人，多充點電，一定不會錯

　　沒有計畫未來的人生，永遠沒有未來。高質量的人生，要透過規劃獲得。在未來的人生中，隨著年齡的增加，你必須讓自己積累起一定的資源，不管是資金還是人脈、技術，不管是管理才能、演示才能還是專利，都是你的資源。如果你是個能充分挖掘和利用、整合資源和資訊的人，那就充分發揮自己這方面的才能，把它們充分挖掘出來，讓它為你的人生規劃服務。

1.做事全憑自覺，但不能全憑自己

　　成年之前，你主要的身分基本是學生，主要的任務是學習。學習好往往要靠自覺，學習成績除了與老師有關之外，主要看自己。所以我們對於各種競爭都不會陌生。大考、小考，一路到高考，只有競爭中的勝利者才能進入大學。我們在與同伴競爭資源，競爭機會，然後得以上大學，並且找到一份工作。但是可惜的是，我們的這些人生經歷跟合作沒有關係。

　　等你從大學畢業之後會發現，想要在社會上站穩腳跟並最終取得成功，光靠自覺和自己是不行的。雖然主要靠能力，但你還需要別人的幫助。在以後的人生道路上，個人英雄很少。不論你是工程師、經理人還是一名普通員工，你的工作都必須仰賴別人跟你的合作。就像是一個籃球球員那樣，任何得分都必須靠隊員之間絕妙的配合。好的籃球球員

如麥可‧喬丹，除了他精湛的球技之外，更重要的是他與隊員間良好的默契，以及樂於與隊員共同追求卓越的精神。

這是一個合作才能取得成功的時代，我們每個人的智慧和力量都是有限的，任何人想要成功都離不開他人的幫助。天馬行空、獨來獨往的行為，在這個高度組織化、協約化的社會中很難再有一席之地。合作是社會正常進行的必要條件，而以公平為基礎的合作才是良好的合作。在這種合作中，人們各自的積極性和創造性都會得到應有的發揮，個人的利益也會得到應有的保障；同時也避免了不必要的內耗，從而推動了社會高效和諧地運轉。

許多在工作和生活中遭受挫折的人的最大問題，其實是他們不懂得與人合作。尤其是那些認為自己能力超群、富有才華的。這些人就像獅子一樣，不拿同事當回事，甚至連上司的意見也是置若罔聞。他們總是在想：「噢，不！這個人不值得我信任，我不想與他合作，這件事我自己一個人就可以處理好。」他們不知道，合作或是關係建設是一項至關重要的工作能力。

這些人在企業裡找不到可以合作的朋友，結果是，他們不論走到哪裡，也不論處於什麼職位，都不會得到重用和青睞，就是因為他們不懂得合作。

我希望他們一定要記得，一滴水只有融入大海，才永遠不會枯竭；一個人，也只有充分融入整個企業、整個市場環

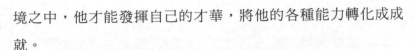

境之中，他才能發揮自己的才華，將他的各種能力轉化成成就。

這裡有一個真實的故事：

有一位叫羅伯特‧克里斯多福的美國人，他想用80美元環遊世界，並堅信自己能夠實現。於是，羅伯特找出一張紙，寫下他80美元環遊世界的準備工作：

1. 設法領取到一份可以上船當船員的文件。

2. 去警察局申請無犯罪紀錄的證明。

3. 取得美國青年協會的會員資格。

4. 考取一張國際駕照，找來一份國際地圖。

5. 與一家大公司簽訂合約，為之提供所經過國家和地區的土壤樣品。

6. 和一家航空公司簽訂協議，可免費搭機，但要拍攝照片為該公司做宣傳。

……

當羅伯特完成上述的準備後，年僅26歲的他就在口袋裡裝好80美元，開始自己的全球旅行。以下是他旅行的一些經歷：

1. 在加拿大巴芬島的一個小鎮用早餐，不付分文，條件是為廚師拍照。

2. 在愛爾蘭，用4.8美元買了4箱香菸，從巴黎到維也納，費用是送給船長1箱香菸。

3. 從維也納到瑞士，列車穿山越嶺，只需要4包香菸。

4. 給伊拉克運輸公司的經理和職員攝影，結果免費到達伊朗的德黑蘭。

5. 在泰國，由於提供給酒店老闆某一地區的資料，受到酒店貴賓式的待遇。

……

最終，透過羅伯特的努力，他實現了80美元環遊世界的夢想。整個過程很重要的一點是，在他的計畫和經歷中，他巧妙地利用和他人的合作，為自己實現目標提供了幫助。

這個故事當然是充滿傳奇色彩的個案，但在現實社會中，這個準則卻是放之四海而皆準的：想要將一件事情幹得出色，就得懂得與他人合作。要知道，人與人的合作不是人力的簡單相加，而要複雜和微妙得多。如果把每個人的能力都設定為1，那麼10個人的合作結果有時要比10大得多，因為人不是靜止的事物，而是一種奇異的能量，相互推動時將會事半功倍。

相反，如果你不懂得與人合作，你的眼裡心裡都只有自己的話，那麼那些被你忽略的人便很有可能隨時跑出來攻擊你。在工作中，如果攻擊是來自競爭對手，你也許可以泰然處之；但問題是，當攻擊是來自那些理應站在你這一邊的同事甚至是上司時，你便會覺得挫敗不已。事實上，這種攻擊往往是由於自身的不合作態度引起的。

　　不要有「凡事自己來」的這種觀念，完全不靠別人幫助的人是走不了多遠的。凡事堅持獨立完成雖然會讓你有成就感，但相對的風險也大。要想讓自己做一個成功者，就得想辦法獲得他人的幫助，這種幫助不僅僅來自你的同事和上司，還可能來自那些於你的事業有幫助的人。當你拒絕這些人的幫助時，他們可能會給你製造種種的障礙，而一旦你願意與他們建立一種互相合作的關係，你的路會平坦和順利很多。

　　我們每天或多或少都要與人打交道。通常，這些交往轉瞬即逝，不留一絲痕跡。但是聰明人或是成功者，卻從不利用「人」作為實現目的的手段，他們利用人際關係來建設成功的基石。他們明白，一切事情的結果，都是人與人之間關係的結果，由此他們都成了心理專家。他們知道，牢固的人際關係是忠誠的保障，是拍檔和團隊協作的基礎。這些人中的精英們建設關係的網絡，為運用自己的天賦開拓不同的管道，並且，不管是在與顧客一對一的關係中，還是在團隊和同事的合作中，都盡可能與他人配合、友善相處。

2.不要等到需要幫助的時候，才想起聯絡別人

不知道大家有沒有注意到，現在很多電視採訪中，我們總能聽到這樣的聲音「在我們那個圈子裡……」對，就是「圈子」這個詞。因此也有了娛樂圈、相聲圈、主持圈等不同的圈子。而提到圈子，不得不說到的就是「人脈」了。

人脈，解釋得直白一點，就是關係網。有人說，人脈就像我們呼吸的空氣。只要你和人交往，就離不開人脈。人脈就像是條線，把你所熟知的人都連接在一起，結成一張網。史丹佛福研究中心曾經發表一份調查報告，結論指出：一個人賺的錢，12.5%來自知識，87.5%來自關係。這一結論足以說明人脈關係對於我們的重要性。

人脈雖然不是一種顯而易見的財富，但它卻是一種潛在的隱形資產，並且是可以給你帶來源源不斷財富的「聚寶盆」。很多人以為，只有保險、業務員、記者等行業，才需

要重視人脈，但在現在這個世界，無論是在科技、證券或金融哪個領域中，人脈競爭力都是一個日漸重要的話題。

提到比爾·蓋茲這個人，大家可以腦補一下人們給他的標籤，總結下來大多是類似於「世界首富」「微軟」「慈善」。確實是，他的財富曾經連續多年位居全球富豪榜榜首，他的微軟帝國龐大到無人可及，和妻子梅琳達的慈善事業也是做得如火如荼。但是，我想說的是比爾·蓋茲的成功並不是偶然的。

他的父親是一位著名的律師。他的曾祖父曾建立自己的銀行，後來蓋茲的祖父繼承父業。據說蓋茲還小的時候，他的祖父就為他設立了一個百萬美元信託基金。

在蓋茲初創立微軟的時候，還是一個在校大學生，沒有任何人脈，雖然有天分，但卻是一名無名小卒。他的第一份合約是在20歲時簽到的，這份合約是跟當時全世界第一強電腦公司——IBM簽的。促使這份合約簽訂的重要角色是他的媽媽。他的媽媽是IBM董事會的董事，介紹兒子認識董事長，從而拿到了IBM這個價值3000萬美元的訂單。試想，假如當初的比爾·蓋茲沒有簽到IBM這個單，他今天可能不會擁有幾百億美元的個人資產。只是這個世界上沒有假如，恰好他擁有這樣的人脈，更厲害的是他對這個人脈進行了充分發揮利用，所以成功本該屬於這類人的。

當然，我們不能否認比爾·蓋茲自身的努力，如果只是

有人脈和關係，自己卻是一個庸才的話，最終也是不能成功的。因為只有優秀的人，才能得到有用的人脈。換句話說，只有你自己的能力到達了一定的高度，才會在人脈圈中得到別人的幫助。

說到能力，其中一個重要的組成部分就是經營人脈。人脈並不是你想用的時候就有的，強大的人脈關係，絕對不是一蹴而就的，它是一個長期積累和經營的過程。那些臨時抱佛腳的人，很難得到別人的幫助。

中國人諷刺臨事用人，最簡練的話語便是：「平時不燒香，臨時抱佛腳」，「有事有人，無事無人」。俗話說得好：「平時多燒香，急時有人幫。」平時不燒香，神靈即便很靈，也不會幫助你。因為你平常心中就沒有神靈，有事才來懇求，神靈怎會當你的工具呢？所以我們求神靈，自應在平時燒香。而平時燒香，也表明自己別無希求，完全出於敬意，絕不是買賣。一旦有事，你去求它，它念在平日你燒香的熱忱，也不會拒絕。

所以，真正善於維持人的人脈都有長遠的戰略眼光，早做準備，未雨綢繆，這樣在急時就會得到意想不到的幫助。

我們常常會聽到人們說這樣的話：「我們每星期工作五天，星期六和星期天都去郊外，這是一種家庭式的生活。就是說，要去郊外，就跟自己的家人去。」「我們不能利用假期去探望朋友，因為一到假期，誰都不在家，除非朋友患

病在床……」「平時我們也不可能利用下班後的時間去看朋友，因為交通太擁堵。」

不知你有沒有過這樣的經驗：當你遇到了困難，你認為某人可以幫你解決，你本想馬上找他，但後來想一想，過去有許多時候本來應該去看他的，結果都沒有去，現在有求於人就去找他，會不會太唐突了？甚至因為太唐突而遭到他的拒絕？在這種情形之下，你不免有些後悔平時不來往了。

其實人際關係的積累，就像你在銀行的零存整取存款一樣，只有平時的積累，才能在你需要的時候拿出所用。如果你立志創業，必須預見到，一旦你決定自己創業，到底有多少有一定能力的人願意幫助你去拚搏和冒險，又有多少人願意把自己的命運和你的事業聯繫在一起，這對你能否取得成功至關重要。

所以，不要再在需要的時候，才想起來要去積累人脈。人脈需要在平時積累好，才能在用到的時候發揮作用。

有人會問，我只是一名普通的員工，怎麼得到有用的人脈呢？其實經營人脈並不是「拉關係」，也不是設法「認識更多的人」，而是在與事業相關的範圍內，把自己更為廣泛地「傳播」出去，讓更多的人認可你，這樣才能得到有效的人脈關係。

人脈並不能成為你成功的唯一條件，但它會是你成功路上事半功倍的利器。如果你有人脈，何不從現在就維繫好

呢？少「巴結」，多「互助」和「提攜」，就好比低價買入
潛力股，這類股票才是真正能讓人賺大錢的。希望書本前的
你，可以擁有屬於自己的有效人際網絡。

3.多給你的人脈帳戶「充充值」

　　曾有人說過這樣一段話：「成功是一本厚厚的名片簿。更重要的是成功者廣結人際網絡的能力，這或許便是他們成功的主因。」我不知道你有沒有一疊厚厚的名片簿，如果沒有，恐怕需要動手積累一些人脈資源了。

　　但是人際網絡非一日而成，它是長時間累積的成果。如果你到了40歲還沒有建立起應有的人際關係，麻煩可就大了。但同樣，即便上天沒有給你想要的「公平」，你生來並沒有擁有太多資源，也照樣可以擁有自己的名片簿。

　　和甘迺迪家族、布希家族不同，歐巴馬沒有顯赫的政治背景，他所依靠的力量大多來自多年來培養的「關係」，比如他競選陣營的頂級顧問大衛·阿克塞爾羅，就是他近20年的好友。1992年，歐巴馬參與前總統比爾·柯林頓的競選，

與志願者貝迪魯·薩爾茲曼共事。薩爾茲曼對歐巴馬印象深刻，牽線讓歐巴馬和大衛·阿克塞爾羅會面，兩人一見如故，阿氏被歐巴馬引為知己，成為其「關係圈」中重要的人物。

歐巴馬的另外一位政壇密友則是白宮辦公室主任、曾為伊利諾伊州議會眾議員的拉姆·伊曼紐爾。比歐巴馬大兩歲的伊曼紐爾曾是前總統克林頓的助手，2002年當選眾議員前是眾議院民主黨黨團會議主席，是眾議院第4號人物。

當歐巴馬一家住在芝加哥大學附近一處種族混居的社區時，周邊生活著不少持有激進派政治觀點的知識分子。在此期間，他也結識了不少民主黨內有影響力的人和政治捐款者。在他們眼中，歐巴馬具有全面的政治才能，喜歡與人交往，傾聽他們的心聲，並且有卓越的能力建立同盟關係。

在芝加哥大學12年教書生涯中，歐巴馬在法學院開了3門課，還有時間參加了5次政治選舉，包括3次伊利諾州議員和2次國會議員競選。據《紐約時報》報導，芝加哥大學的教授們經常在一起討論學術問題，但歐巴馬卻極少參加。芝大法學院的哈欽森教授說：「我認為他跟誰關係都不好，除了同為憲法學教授的凱斯·桑斯坦。」而桑斯坦後來成為歐巴馬競選班底的顧問。

從歐巴馬的經歷來看，他一直都在培養自己的關係圈，

積蓄力量。可能正是因為他非常清楚人際關係的重要性，所以才會不遺餘力打造人際圈汲取力量吧。

在如今這個時代，僅憑一個人的能力是很難完成自己的事業的。有人願意幫你，不斷地給你提供各種資源，你才能有更多的成功機會。所以，要想成功，就必須有一個好的人際圈子。但是，人際關係的圈子是需要你來培養的，只有用真誠和利益才能鞏固起你的人際關係。也只有團結他人，你手中的力量才會更強大，才能遠離各種不公平，擁有更多機會。

被稱為「美國雜誌界奇才」的愛德華‧威廉‧波克（Edward William Bok），小時候是一個名副其實的「苦孩子」。從小在貧民窟中長大，只上過6年學。13歲時，他就開始在一家出版社工作。然而，艱苦的條件並沒有讓小波克就此放棄學習，他一直在工作之餘努力堅持自修。更讓人想像不到的是，小小年紀的波克，竟然非常聰明地懂得經營人脈關係。

小波克利用自己省下的工錢、午餐錢，買了一整套的《全美名流人物傳記大成》。接著，他做出了一個讓任何人都意想不到的舉動：他直接寫信給書中的人物，詢問書中沒有記載的童年及往事。比如，他曾寫信給當時的總統候選人哥菲德將軍，問將軍是否真的在拖船上工作過？他又寫信給

格蘭特將軍，問他有關南北戰爭的事。

那時候的小波克才14歲，每週的薪水也只有幾美元，但是他就利用這幾美元來買書，透過書結識了美國當時最有名望的詩人、哲學家、作家、大商賈、軍政要員等。當時的那些名人們都很樂意回答這樣一位可愛而又崇拜他們的小傢伙的問題。

小波克也因此獲得了多位名人的接見。隨後，他就利用這些有利的人脈關係，向上流社會毛遂自薦，替他們寫傳記。不久之後，他便收到了像雪片一樣的訂單，以至於他需要雇用6名助手幫他寫簡歷，而這時的波克還不到20歲。

後來，這個擅長交際的年輕人，就被《家庭婦女雜誌》邀請作為編輯，並且一做就是30年。而波克，也得益於他善於與人溝通的特長，將這份雜誌辦成了全美最暢銷的雜誌之一。

波克的成功，很大的一部分原因是他會經營和發展自己的人脈。把那些強大的關係網，變成自己成功的一塊基石。

經營人脈，是一件與提升自己工作能力相輔相成的事，是為了讓更多的人知道自己的價值，從而獲得最大限度發揮自己才能的機會。強大的人脈和強大的能力結合在一起才是成功，缺任何一個都不能實現最終的成功。

想要讓你的人脈帳戶不斷充值，你不僅需用基本常識去

「感受」，更要有實際的行動去「執行」。在我看來，它其實沒多麼玄妙，只要你用心去留意、去觀察、去把握，只要你學會對每個人熱情相待，學會把每件事做到完美，學習對每一個機會都充滿感激，並隨時與你周邊的人保持親密的關係，你就是在建立廣泛的人際關係網了。

4.這個世界，總會為那些下班後學習的人開綠燈

我的一個朋友曾向我抱怨自己工作與生活中的一些困惑，某個週末我約他在一家咖啡廳見面。

一見面他就喋喋不休地向我抱怨自己的困惑：剛開始的時候，他覺得自己應該在工作的八小時之外學點什麼，可是當學習了一段時間之後發現自己越來越迷茫了，不知道自己為什麼要堅持學習，跟那些下班之後就去酒吧、舞廳、KTV的同事相比，感覺學與不學看起來沒有什麼區別，每個月的差異也是微乎其微，甚至於雖然每年的差距相對明顯，但好像也沒什麼大不了的。有的時候感覺別的同事下班後瀟灑快樂，三五成群，而自己為了所謂的「未來和夢想」，下班後還要「充電」，感覺自己在別人眼中都成為「不合群」的人了。有的時候真的感覺自己快要堅持不下去了，不知道自己下班後這麼辛苦的「充電」到底是為了什麼。

聽完他的話，我並沒有像以往那樣安慰他，我說，我先給你講一個不算故事的故事吧。

大約在15年前，有一個剛剛踏入職場的年輕人，大學學歷，面對著周圍幾乎都是碩士、博士的同事、上司，毫無疑問，最底層的工作都是他做的。儘管很努力，成果卻差強人意。他充滿了悲觀，不知道還能不能實現自己的夢想。

後來帶他的上司覺得他有些失落，下班的時候就把他叫住，辦公室裡只剩下他們倆。

上司說：「最近有點鬱悶？」

他說：「是啊，感覺自己什麼都不如別人，努力好像也沒用。」

上司突然轉移了話題：「有女朋友了嗎？」

他苦笑著說：「沒有，呵呵，感覺沒什麼本錢談戀愛。沒錢、沒房，倒是有點時間。」

上司說：「嗯。你這麼想也對也不對。我當年和你差不多，也是覺得自己什麼都沒有，一個人在北京漂著，我最窮的時候一天就吃一頓飯，還是泡麵。比你慘吧？」

他點點頭，有些感觸。

上司接著說：「但是我和你一樣，下班了也有大把的時間，我就泡書店。拿個本子，拿支筆，我沒錢買書，你知道吧，就坐在書店的角落裡一本本地讀。」

上司的話觸動了他，自己下班之後不外乎就是看電視、

睡覺，或參加一些可有可無的聚會。

「我印象很深的是，」上司喝了茶接著說，「有一回，呵呵，我在書店看著看著睡著了，結果書店的店員特別生氣把我踢醒了，還對我嚷嚷。其實她就是看我只看書不買書不高興。後來，我領了薪水，悄悄買了點小禮物，賄賂了一下那個店員。嗯，這招特別有用，然後我就肆無忌憚地看書了。有一年，我在書店的角落裡看了一百本書。」

「這麼多啊？！」

「是啊，管理學的、心理學的，總之我覺得什麼有用就看什麼。」上司說，「然後我發現自己確實得到了很大的提升，無論是見解還是知識，你要相信這句話，『懂得多才能掙得多』。然後我在公司裡開始寫一些報告，開會的時候也能說出個『所以然』來，上司開始對我刮目相看了，反正就是這樣，感覺肚子裡有了東西，不是裝的，別人就不敢小看你，就給你機會。」

「是啊是啊。」他點點頭，想起自己平時下班後虛度的時光，十分慚愧。

「人順了，什麼好事都會來，升職、加薪、談戀愛，嗯。但是不順的時候怎麼辦？有時間的話就看書學習，拿時間換空間。你懂了嗎？」

拿時間換空間，上司的這句話戳中了他的內心，這個「菜鳥」深深地記住了上司的這些話。

談話結束時，上司拿了一些工作方面的書送給了他。

從此以後，每天晚上，他都有了更重要的事情做——閱讀，充電。

逐漸地，時間換空間那句話體現出了效果，那個「菜鳥」慢慢找回了存在的感覺，即使收入和職位沒有什麼變化，但他覺得自己的人生不再難熬了，因為他看到了希望。

這個不算故事的故事說完之後，我看著他。他說：那個菜鳥是不是你？我說是的，我能夠體會你現在的心情，因為當初我也是這麼一步一步走過來的。

有人說：「8小時內求生存，8小時外求發展。」的確是這樣，一週5天、一天8小時，是多數人的工作時間。在這段時間大家的努力、工作成績是很接近的。成功者與別人不同的是，他們不僅僅在8小時內工作，在8小時外他們也在不斷努力，在利用別人休息的時間工作。一天比別人多出一兩個小時，長年累月，其差距是可想而知的。

我以前的老闆，33歲就是千萬富翁了。看看我們平時都是怎麼評價他的：「老闆真是有精力呀，每天都加班到三四點，第二天還是那麼有精神。」我想不是他有異於常人的精力，而是他在努力支撐、在為自己的理想奮鬥。

當我們還在看電視、上網聊天、逛街或是做別的什麼時，那些比我們更成功的人卻仍然在工作、在努力。面對他們，我們還有什麼理由懶怠呢？

　　有什麼樣的想法，才有什麼樣的人生。堅持學習，你才可能在日益競爭的社會上有主動選擇權。體驗決定了深度，而知識決定了廣度，它們共同決定了你能過一種怎樣的生活。

　　香港女作家，人稱「師太」的亦舒曾經說過：「作為女性，首先要在經濟上獨立，然後才有資格談論應該爭取到什麼。15至25歲，爭取讀書及旅遊機會；25至35歲，努力工作，繼續進修，組織家庭，開始儲蓄；35歲以後，將工作變為事業，加倍學習，一定要擁有若干資產防身。」我們那麼拼命地學習，在下班後的8小時還抽出時間努力看書充實自己，提升自己，耐得住寂寞地「充電」，都是為了美好的以後打好基礎。為了自己的夢想和價值，現在辛苦一點也值得。倘若現在不學習，不接受新知識，總有一天會讓自己後悔的。我們現在所有的學習和努力，都是為了心中想要的生活。

　　任何時候，你都不必質疑學習的意義。當你下班之後努力學習時，別人可能在看無厘頭的偶像劇；當你在工作之外的8小時抽出時間學習新知識時，別人在耽誤時間跟人聊天；當你努力提高新技能充實自己的時候，別人在KTV瘋狂。現在看來，確實是那麼「格格不入」，可是當5年、10年以後，你會發現，當年在工作8小時之外無所事事的，依舊在無所事事，而你已經達到了自己都不敢想像的新高度。

　　你想得到別人得不到的東西，就必須付出別人難以付出的東西。你的時間用在哪裡，你的成就就在哪裡。從平凡的工作中脫穎而出，一方面由個人的才能決定，另一方面則取決於個人的努力和進取心。這個世界總是為那些努力工作的人大開綠燈，對於大多數人來說，如何利用業餘時間，就是平凡與非凡的分水嶺。

5.那些看上去沒用的，卻是你未來需要的

　　有相當多的人，工作中都能夠做到盡職盡責，但也僅限於此。他們不願意去多做一件「不屬於自己的」「沒用的」事情，換句話說，不願承擔額外的責任。

　　然而，你做的每一件事，都是你的名片。上天以一種十分微妙的方式維持著這個世界的運轉，人們的付出與收穫是相聯繫的。有所付出必有所回報，問題只在於回報時間的早晚。回報可能會在不經意間以出人意料的方式出現，最常見的回報是晉升和加薪。當然，回報還會以其他的形式出現，可能來自他人提供的一個好機會等。眾多商業人士的成功經驗，早就確定無疑地證明了這種額外投入的回報原則。反之，你只能泯然眾人。

　　有一天晚上，一個人碰到一位神仙，這位神仙告訴他，有大事要發生在他身上了，他會有機會得到很大的一筆財

富，在社會上獲得卓越的地位，並且娶到一個漂亮的妻子。這個人終其一生都在等待這個奇異的承諾，可是什麼事也沒發生。他窮困地度過了他的一生，最後孤獨地老死了。

當他死後，他又看見了那位神仙，他對神仙說：「你說過要給我財富、很高的社會地位和漂亮的妻子，我等了一輩子，卻什麼也沒有。」

神仙回答他：「我沒說過那種話。我只承諾過要給你機會得到財富、一個受人尊重的社會地位和一個漂亮的妻子，可是你讓這些機會從你身邊溜走了。」

這個人迷惑了，他說：「我不明白你的意思。」

神仙回答道：「你記不記得，工作中有一次你曾經想到一個好點子，那是個很好的建議。可是你沒有行動，因為那不是你的職責範圍，你覺得與你無關。」這個人點點頭。

神仙繼續說：「因為你沒有去行動，這個點子幾年以後被你的一個同行想到了，那個人沒管是不是自己的分內事，馬上動手去做，透過改進技術，後來他變成了一個非常有錢的人。還有，你應該還記得，有一次發生了大地震，城裡大半的房子都毀了，好幾千人被困在倒塌的房子裡。你有機會去幫忙拯救那些存活的人，可是你怕小偷會趁你不在家的時候，到你家裡去偷東西，你覺得自然會有救援人員去救他們，不用你多操心。你為自己找了種種藉口，故意忽視那些需要你幫助的人，而只是守著自己的房子。」這個人不好意

思地點點頭。

　　神仙說：「那是你去拯救幾百個人的好機會，而那個機會可以使你在城裡得到多大的尊崇和榮耀啊！」

　　「還有，」神仙繼續說，「你記不記得有一個頭髮烏黑的漂亮女子，你曾經非常強烈地被她吸引，你從來不曾這麼喜歡過一個女人，之後也沒有再碰到過像她這麼好的女人。可是有一次她需要幫助的時候，你沒有伸出手。一開始你是想幫她的，可是你害怕她以為你別有用心，因為你對她而言是陌生人，應該讓她的朋友和親人幫她。這件你該做的事沒有做，於是就讓她從你身旁溜走了。」這個人又點點頭，這次他流下了眼淚。

　　神仙說：「我的朋友啊，就是她！她本來該是你的妻子，你們會有好幾個漂亮的小孩，而且跟她在一起，你的人生將會有許許多多的快樂。」

　　你是不是因為很多事情看上去沒用、不是你的職責所在就不去做？

　　要想擁有高品質的人生，僅僅做好眼前看起來有用的事情，是遠遠不夠的。當然，有些事是你首先必須得做好的，例如完成你當日的工作。事實上，你還應該比自己該做的事多做一些，比別人的期待更多一些，只有這樣，才可以吸引別人更多的注意，為自己的發展創造更多的機會。西方有句名言，叫作「多走一哩路，交通不堵塞」，就是這個道理。

　　比如在工作上，你沒有義務去做自己職責範圍以外的事，但是你可以選擇自願去做，率先主動是一種極珍貴、備受看重的品質，它能使人變得更加敏捷，更加積極，可以驅動自己快速前進。這一點，無論是對於管理者還是普通職員，都能使你從競爭中脫穎而出。一方面，你會贏得上司、客戶的信賴；另一方面，你也為自己贏得了更多的發展機會。再者，你這樣做，也增加了他人對你的需要，你也就不可能是一個可有可無的人了。

　　對於想要在自己的事業上取得較大進展的你來說，忠實可靠、盡職盡責完成應該承擔的任務還遠遠不夠，尤其是對於那些剛剛踏入社會的年輕人來說更是如此。要想取得成功，必須做得更多、做得更好。

　　剛剛進入公司的時候，你所從事的也許只是像秘書、會計和出納之類的事務性工作，但是你就甘心一輩子都花在這樣的職位上嗎？要知道，那些成功者除了做好本職工作以外，都會自覺地做一些看似沒用的事情來培養自己的綜合能力。那些現在看起來沒有用的事情，也許恰恰是你未來的依靠。將來，你需要它們脫穎而出。

　　除了做一些看上去沒用的事之外，學一些看似沒用的知識也是必不可少的，既要學習專業知識，也要不斷拓寬自己的知識面，一些看似無關的知識往往會對未來起巨大作用。你要珍惜每一個學習機會，每天多做一點、多學一點，可以

給你提供很好的學習和成長機會，讓你具有更強大的生存力量。這也就意味著，你比別人更有機會使潛能得到發揮。

6.技術是無可替代的「輕資產」

　　每年的畢業季，大家總會關注就業的問題。很多年輕的大學生從學校進入社會就業的時候，面臨著重重困難。就業難，成為一個熱門的話題。但是你會發現，專科學歷的學生，就似乎沒有那麼困難。

　　為什麼呢？因為專科學生在學校多注重實用技術的培養，而大學多注重知識素養的培養，兩者學習的側重點不一樣。專科院校畢業的學生，可以被我們稱作擁有一技之長的人，他們往往擁有自己的技能，偏向於某一個領域。所以就業的時候，選擇的領域目標明確、專一，因此就業率相對高。

　　當然，我不是說大學生或者研究生就沒有競爭優勢。我這裡想要強調的是技術的重要性，而我這裡說的技術，不只是專業方面的技能，還包括各種「軟實力」，就是暫時難以

估量的能力，比如思維能力、溝通能力、表達能力、文化修養、學習能力、團隊協作能力等，是修為高低的體現。這些軟實力，都是你自身的財富，將會終身伴隨你，讓你受益，而且別人沒有辦法盜取。

不管時代如何變遷，如果你能擁有屬於自己的技能，也就有了競爭優勢。這個世界從來都不缺千篇一律的人，而是缺乏人才、缺乏專家、缺乏不可替代的人。如果你不希望自己在人生的競賽中過早被淘汰，就要努力讓自己成為不可替代的人。

你到超市買水果，本來是想買蘋果的，可一看柳橙特價很划算，而蘋果的價格沒有變化，想了想，自己並不是很想吃蘋果，於是你就買了柳橙沒買蘋果。相對於蘋果來說，柳橙就是其替代品。如果你做的工作，一個新來的都可以勝任，那麼老闆會毫不猶豫地開除你。因為你就是那個「蘋果」，新來的員工是「柳橙」。他的價格更低，卻能做同樣的事情，老闆為什麼非要你不可呢？

一般來說，越是難以替代的物品，價格越昂貴；產品的技術含量越高，價格越高；電視必須是廠家才能生產，而饅頭誰家都會做。《蒙娜麗莎的微笑》價值連城，透過拍賣還能賣到更高的價格，是因為這幅畫幾乎找不到替代品。

也許你不能理解為什麼普通工人的薪水與高階主管或高科技人才之間差距如此懸殊。普通工人日夜加班，做的也不

比他們那些人少，為什麼只拿那麼少錢呢？有些又髒又累的活，薪水又為何遠遠不及既輕鬆又體面的工作呢？看了上面的話，這個問題你已經能回答了。

在現代企業中，那些高素質、高能力、高技術的員工在老闆眼中就是搖錢樹，也是增強一個企業市場競爭力的關鍵因素。然而這樣的人並不多，找到一個同樣能力的人來替代非常不易，怎麼辦？無非是透過晉級、加薪的方式好好對待他們，否則那些人才就會被其他公司挖走。而普通員工不同，他們的「替代品」多，你不願意幹，想幹的人多的是。正是因為人才與普通勞動力本質的差異，所以薪水的差距大是可以理解的。無須驚訝，更無須不平，要想獲得與高層同樣的待遇，就要先讓自己具有與他們同樣的不可替代性。

在巴黎一家豪華的五星級大飯店中，有個小廚師，長得並不英俊，憨憨的，誰都可以說他兩句，他都照單全收。他沒有什麼特長，做不出什麼上得了大場面的菜品，所以他在廚部裡只當下手。但是他會做一道非常特別的甜點：把兩顆蘋果的果肉都放進一顆蘋果中，那顆蘋果就顯得特別豐滿，可是外表上看，一點兒也看不出是兩顆蘋果拼起來的，就像是天生那樣子，果核也被他巧妙地去掉了，吃起來特別香。

這道甜點被一位長期包住飯店的貴婦人發現，她品嘗後，十分欣賞，並特意約見了做這道甜點的小廚師。貴婦人雖然長期包了一間最昂貴的套房，一年中也只有不到一個月

的時間在這裡度過，但是她每次到這裡來，都會指名點那道小廚師做的甜點。

飯店裡年年都要裁去一定比例的員工，經濟低迷的時候，裁員的規模會更大。不起眼的小廚師卻年年風平浪靜，就像是有特別硬的後台和背景似的。而事實是，那位貴婦人是飯店最重要的客人，無疑，這位小廚師也相應地成了飯店裡不可或缺的人。

一個老闆不會在乎一個沒有很大價值的下層職員是否要更換自己的工作，而一定會在乎一個無可替代的員工的每一個舉動。在職場，一個可有可無的人，只能做什麼人都可以做的事情，很容易就會被別人頂替掉了。

想想看，在企業裡面，你所處的崗位是不是像生活用品一樣？你所處的職位的價值發揮是不是已經到盡頭了？或者是企業裡還有比你更好的人可以替換這個崗位？你是否能做到像那些拿高薪酬的人一樣無可替代？你要知道，如果企業不重視研發人員，他們掌握企業核心技術，完全有可能被其他企業重金挖走，正是因為普通員工的「替代品」多，因此他們的工資與技術層、管理層差距很大。

或許所謂的專家只是因為他們比別人嘗試得多得多，或者他們刻意進行了這麼多次反覆的嘗試。對於卓越者而言，目標絕對不是簡單地重複同樣的事情，而是每一次都更上一個台階，更好掌控他們的表現。這就是為什麼他們不會覺得

練習很無聊。每一次練習，他們都會在某些地方比上一次做得更好，次數多了，他們就成為該行業中的頂尖者。

但是現實生活中，我們大多數人都習慣避免練習那些需要努力才能掌握的東西，所以我們總是停留在中等或者業餘水準上，處於那種可有可無的角色中。如果我們願意花更多的時間去練習那些看起來沒有樂趣的事情，我們就能變得更好、更優秀。我們需要那種追求精通的熱情，而專家就是在很多細微的方面，永遠表現得不滿足，永遠覺得有需要改進的地方。

俗話說：「三百六十行，行行出狀元。」我們從事的行業千種萬種，論其社會意義或者社會貢獻，縱向裡根本無法比較。不過單從一個行業裡著眼，你的價值排名就一清二楚了，所以這部分我所講述的是常見的一種升級思維：努力提高自身，爭取成為該行業的佼佼者，擁有技術這一無可替代的資產，讓自己變得無可替代。

7.如果你既沒錢又沒人，只有「idea」，就別想著創業了

2015年的某一天，一位同事過來找我吃飯，說他打算辭職創業，問我能不能幫他留意點，他想招聘幾個技術人員。

我說：「創業好啊，從政策層面來看，現在肯定是創業的好時機。」

我沒有說出口的半句話是：從個人層面來看，未必就是你創業的好時機。

不是每一個創業者肯定都能成功的。事實上，我倒是知道，經常會有創業失敗的人，重新返回職場找工作，我見過的例子實在不少，在那條路上陣亡的小企業屍橫遍野。

但是，我這麼說，絕對不是反對大家創業。我只是想說，創業絕對不像很多人想的那麼簡單，它比上班要難多了。如果你對創業路上的艱辛瞭解不夠，對創業的準備太不

充分，還是不要創業了。否則，很快就會宣告失敗。

於是我問他：「你打算做什麼行業呢？」

「VR，你知道吧，就是虛擬實境。我覺得現在VR技術應用還是挺有前途的，你沒看國外現在有多熱門，我要是不做肯定別人也會做，先下手為強唄。馬雲就是在互聯網剛剛興起的時候，抓住了機會。」他眼睛閃閃發亮。

我當然知道VR，可我不知道他打算怎麼做。我知道他並不是富二代，沒有什麼家底，學的專業是管理學，第一份工作和我是同事，現在的職位是營運，甚至還沒成為主管。大學畢業四年從事的工作，應該跟VR絲毫沒關係。

不過我肯定不能武斷地下結論，總要聽聽他是怎麼說的。

「我知道那個概念，但技術方面我不懂。」我說。

「我也不懂，沒關係，總會有專業人才懂的，交給他們就是了。我打算招聘幾個技術人員，他們做技術，我做管理，大家分工合作嘛。你可要上點兒心，一定幫我留意啊。」

「這個行業的技術人員，薪水不低呢。」

「我是這樣打算的，讓他們技術入股，等公司發展壯大了，他們就能分享到創業成功的成果，不比薪水強多了？」

沒錯，如果成功了，沒問題。可如果失敗了，他們也要跟你一起承受創業失敗的後果。這一點，他們難道想不到

嗎？

「那你的啟動資金什麼的，沒問題吧？」我補充道，「我認識一位朋友，也在做VR，跟我說，他這是著眼於未來的投資，前幾年壓根就沒打算賺錢。不過他本身資金實力比較雄厚，也有好幾家網店，用網店賺的錢來養活這家店。」

我沒有明說，其實我真正的意思是，你既沒錢又沒人，這業怎麼創？

「我可以找創投啊。」他一副躊躇滿志的樣子。

找創投是沒問題，問題是你能否拿出可行性方案，說服他們投錢給你。

一般來說，想要創業，首先你得有進入一個行業的起碼資源，其次最好還要具備差異性資源，這樣創業成功的可能性才會比較大。

你不是不能白手起家，也不是必須懂得各種技術，但你必須有一定的資源，其中最重要的，在我看來要數財務資源和客戶資源。

因為，如果你有足夠的財務資源，有錢好辦事，其他資源的欠缺就可以彌補；如果你有足夠的客戶資源，產品不愁銷，其他資源的欠缺也不是大問題。

有錢誰都會創業，關鍵在於沒有錢怎麼創業。創業之初，從購買設備到租辦公室，從開發客戶到支付工資，都得不停地往企業投錢。不管你再怎麼具有空手套白狼的高超本

領，籌集一筆足夠的資金是在所難免的。

至於客戶資源，在我們的工作和生活中，最大的收穫，不只是工資、分紅以及職務的升遷，更重要的是「人脈力量」的增加，這其中當然包括你未來創業時的客戶資源。

創業初期，你或者你的合夥人中，最好有一個資源型的，能夠掌握一些流量或者有一些客戶關係，這在創業初始特別重要。

因為一家剛剛成立的公司，憑什麼贏得客戶信賴，還不是要靠個人之前積累的人脈資源？不過，等到公司發展到一定的階段，先期的客戶資源重要性就會降低。

但他目前從事的工作，跟想要創業的行業沒有交集，所以他也沒有人脈和客戶資源可以利用。

如果你既沒有錢，又沒有客戶資源，自身也沒有技術，只有一顆充滿熱情的心，就想說服別人跟你一起幹？滿大街的年輕人，都懷揣著創業賺大錢的夢想，他們的熱情和渴望甚至比你還要強烈。

所以，沒有任何資源就想創業，至少，你是說服不了我跟你合作的。連我都不看好，那些精明的風險投資者怎麼可能看好你？

幾乎沒有人喜歡忠告，因為逆耳，可我還是跟他說：「假如你有創業的打算，我覺得最好從現在開始，就積累一些相關的客戶資源，另外財務方面最好有比較充裕的資

金。」

　　至於他有沒有聽進去，我就不得而知了。我只知道，我認識的專業人士，沒有人願意技術入股他未來的公司。

　　再後來，他也不提這事了。我聽說他四處碰壁，受盡打擊，也就不再提創業的事，換了家公司繼續上班了。

　　我倒是覺得，對現階段的他來說，這未必是壞事，認清現實，可以避免他陷入危局和困境。只要他仍然有雄心壯志，有針對性地積累資源，未來的某一天再想創業，成功率應該會高很多吧。

本章練習

帳戶充值

建構屬於自己的強大人脈圈

運用時機

1. 當你感慨與以前的朋友越來越疏遠時。

2. 當你想讓事業再上一層樓、伸出觸角籠絡新人脈時。

3. 當你想要練習與不同的人的交流能力時。

練習時間

每天早上八點至晚上十點之間都可以進行，建議每天選擇一個人。

特別提示

在開始這個練習之前，大家先要告別「我不想碰釘子」的心理。你要知道，人脈的精義是互通有無，是一種雙贏的關係。不是你有求於人，也無所謂碰不碰釘子，所以不用害怕。

更不要擔心先開口跟別人說話很丟臉，也不要害怕別人覺得你在利用他們。走入人群，廣泛地建立自己的人際網絡，不給人壓迫感，你就完全不必擔心這個問題，切記你們是雙贏的，願意助你一臂之力的人其實多得很。

在克服這些心理以後，我們就可以開始下面的練習了。

練習內容

我們要做的，是每天與一位朋友、同學、親友、客戶或陌生人聯繫。建議大家可以整理一下自己的手機通訊錄，以及LINE、微信等即時聊天工具，把裡面的所有人分門別類，挨個聯繫一番。

我們可以先從熟悉的人做起，每天選擇一位，從自己的好友、朋友、同學、同事，再到一面之緣的人，可以按照類別，也可以交叉進行，逐個與他們聯繫。

抽空打電話問候一下彼此近況，約個時間見面聊聊，鞏固你的人脈就是這麼簡單。也許有些朋友可能好久沒聯繫，找話題的時候會有些尷尬，這時候可以用文字的方式聯繫，比如微信或簡訊，而不是一開始就打電話。等到逐漸找回熟悉感後，就可以增進彼此的關係了。

和通訊錄上已有的人練習，是鞏固已有人脈。除此之外，我們還要練習與陌生人聯繫，擴展新人脈。這一項訓練，關鍵在於你要勇於開口說第一句話。如果你是個有心人，時時刻刻都有拓展人脈的機會。

比如，我在參加培訓的時候，就會跟旁邊的人，甚至課間休息時跟坐在遠處角落的人借筆記，告訴對方自己的筆記沒記全，麻煩他借給自己抄寫，並且誇讚對方心靈手快，記得真全，字真漂亮，然後繼續聊下去，慢慢就熟絡起來了。

　　可能出現有價值人脈的場合，不只是商務會議或者業務來往，他們會隨時出現。在私人聚會、酒吧或咖啡館、飛機上，甚至你在超市排隊結帳時，都有可能碰到。平時多參加自己喜歡的、參與者眾多的活動，或者加入行業團體或俱樂部，你就可以接觸到更多有價值的潛在人脈。

Part 6

改變你的格局，人生才會逆襲

　　所謂一帆風順、萬事如意只是美好的祝福，人生不可能是一個順風順水的過程。這個事實無法改變，但人生的得失最終是趨於平穩的。不管是多麼風光或是多麼失意，過一段時間再回顧，你會發現它們原來是那麼渺小和輕微。可是，如果總是揪著一些逝去的悲哀不放，那麼快樂也不容易擠進你的生活。所以，避免出現壞情緒，不僅是一種修養，更是一種智慧。

1.「傷不起」的人，永遠也贏不了

　　作為一個沒有實質意義的口頭禪，「傷不起」無傷大雅。但是，假如你真的是一個「傷不起」的人，那往往是「輸不起」的。而一個「輸不起」的人，也很難「贏得起」。因為成功不是一蹴而就的，而是一個不斷接受挑戰、不斷努力的過程。如果在困難面前沒有良好的心態，我們極有可能會前功盡棄。

　　「傷不起」的人，承受不了生命的負面，他們很有可能悲觀厭世，意志消沉、精神萎靡，從此一蹶不振。而能夠淡然看待生命中不太陽光那一面的人，則會正確地看待所有的責難、羞辱、傷痛，把這些當成激勵自己向前的動力。能做到這點的人，是真正的智者。

　　有一次，戲劇家曹禺邀請他的朋友亞瑟‧米勒來家中作客。閒聊中，亞瑟‧米勒暗示道：像您這樣的老作家，肯定

是包圍在一片榮耀和吹捧中的吧？曹禺笑了笑，從書架上拿來一本裝幀講究的冊子，裡面裱著的是畫家黃永玉寫給他的一封信，上面寫道：「我不喜歡你解放後的戲，一個也不喜歡。你的心不在戲劇裡，你失去了偉大的靈通寶玉，你為地位所誤！命題不鞏固、不縝密，演繹分析也不夠透徹，過去數不盡的精妙休止符、節拍、冷熱快慢的安排，那一籮筐的雋語都消失了……」信中對曹禺的批評字字嚴厲，甚至有明顯羞辱的味道。亞瑟·米勒非常不解，如此一封使自己難堪的信，為何還精心地裝幀在精美的冊子裡呢？曹禺解釋道，正是這封信在不斷地鞭策著他前進，每當他覺得懶散時，他都來閱讀一下進而激勵自己繼續向前。

生活中不斷地會有大大小小的困難、委屈，它們難以避免，關鍵是看你處理它們的態度。如果你因為老闆一句羞辱你的話而辭職不幹，那麼你永遠就沒有機會向他展示你強大的一面；如果你因為未來丈母娘的一句難聽話憤而跟女友分手，那麼你就很可能失去生命中的真愛。有些人因為「傷」而自暴自棄，有人因為「傷」而奮發圖強，這就是真正的弱者和強者的差別。

有一個名叫賽拉的姑娘，她的夢想是進入醫學院，畢業後成為一名醫生。作為一個窮學生，賽拉就近進了路特格大學的紐威克校區，這樣她可以住在家裡而省下住校的費用。賽拉開始學習醫學預科課程，並取得了優秀的成績。一天，

系主任通知她，已經為她爭取到了上醫學院的獎學金。但接下來的消息令人失望：賽拉仍需另外繳納1萬美元的費用。毫無疑問，她拿不出那麼多錢。沒辦法，賽拉只好退學。半路上，賽拉和母親通了電話，告訴她自己再也不會成為一名醫生了。

「別洩氣，」母親安慰道，「說不定好事還在後頭呢！」

賽拉在餐館當了一年服務生後，就到了紐澤西州的一所醫學院求學。畢業後，她開始營銷藥品，這讓她第一次接觸到了商品零售業，並開始喜歡上了它。後來，賽拉跳槽到西部一家名為「便民」的公司，這是家小型家裝物品公司。

在「便民」公司裡，她常看到不少自己動手裝飾和修補住房的人來買各種家裝必需品。但是由於公司規模有限，所以他們不可能在這裡一次就買齊。一天，她突然有了一個主意：如果能有一家大商場，把所有的家裝材料店，如廚衛設備店、塗料店、木材店全都包括進來，顧客豈不更方便？

1978年的一天，賽拉向老闆談了自己的建議，希望老闆能採納自己的建議，把企業做大做強。但是老闆否定了賽拉的想法，認為賽拉在他面前過分炫耀，自以為了不起，無視他的權威，於是就把賽拉解雇了。

這次失業給賽拉帶來了沉重的打擊。賽拉當時還有兩個孩子正在上大學，丈夫的收入也不高。他們向銀行借的大筆

抵押貸款也必須按期歸還。她根本承受不起失業。正當賽拉心灰意冷之時，她想起了母親的那句口頭禪。雖然母親已經過世，但此時，她彷彿聽見她在說：「別洩氣。」

賽拉決心自己當老闆，著手實現創建一個大型家裝材料總匯超市的構想。她的這個超市將針對人口眾多的工薪階層。因為工薪階層是自己動手做家裝的主力，她這樣做，正好為他們提供了及時、恰到好處的幫助。

賽拉又找了幾個和自己志同道合的朋友作為合夥人。於是，一家名為「家庭」的大型家裝材料公司應運而生，後來業務遍及全美，甚至開始向全球擴展。

在賽拉的一生中，她記憶最深的就是母親的那句口頭禪，充滿哲理的人生經驗——「別洩氣」，賽拉也正是靠著這句口頭禪，才取得了事業的成功。

是把「傷」當成打擊，還是把「傷」當成激勵，不同的人生態度，定會導致不同的人生結局。嘗試著對那些「傷」笑一笑吧，把它們帶來的鬱悶轉化成強大的動力，用它們來激發我們前進的潛力。人生的路上如果總是鮮花和掌聲，反而會蒙蔽我們的心靈，遮住我們的眼睛。或許正是這些「傷」，讓我們更早知道了我們的短處。

當然，我並不是在宣揚「傷」是一個人成功的要素，我要說的是，人生有許多避不開的天災人禍，我們無法控制它的發生，更無法對抗和改變那一場風一場雨，但我們完全有

能力選擇應對這些困難的方式，即便小有損失，也能從中學到許多有益的東西。人有多大的胸懷，就有多大的事業。如果你不幸遭遇到了「傷」，需要告訴自己的是，它可以鍛鍊韌性，可以成就強者。

2.浮躁的人，當然什麼也等不了

在我們的心靈深處，總有一種力量使我們茫然不安，讓我們無法寧靜，這種力量叫浮躁。浮躁就是心浮氣躁，是成功、幸福和快樂最大的敵人。

尤其是，我們生活在充滿誘惑的時代，人們的心態越來越浮躁。現在你很難在某個公車站看到人們很有秩序地排隊，明明公車車上沒有幾個人，卻非要往門口擠；窗口買票，前面的人稍微慢一點，後面的人要麼滿臉不耐煩，要麼已經開口抱怨了；看到別人炒股票、期貨自己就要跟著買，買了就想一夜暴富……各種心神不寧、朝三暮四的行為，不一而足。

要說這也不能怪大家，我們所生活的這個時代的價值觀，使得人人似乎都需要用汽車、房子和奢侈品來證明自己，否則就像個「魯蛇」。與此同時，很多美好的東西被忽

視了，人們的心態愈加浮躁，大家越來越缺乏耐心，做什麼事情總是淺嘗輒止；也變得更加貪婪，總是站著這山望著那山高，總是希望魚與熊掌兼得。但是事實上，這種浮躁的心情對你的成功沒有任何幫助，反而成了你的絆腳石。因為浮躁讓你把應該冷靜思考問題的時間，放在自尋煩惱、患得患失上。這怎麼可能去實現目標？

我的一位校友，我們姑且叫他小梁吧。我們那個學校不難找工作，大學畢業後他就順利被一家大型國營企業錄用。初入職場，滿心歡喜的他幹勁十足。由於刻苦努力，小梁多次受到老總的表揚，年底還被評為公司的優秀員工。第二年，小梁繼續拚命工作，因為他知道，經過了第一年的「打基礎」階段，第二年應該是自己「往上走」的時候。但事與願違，在接下來的日子裡，與小梁一同進公司的兩個同齡人都得到了提拔，而他卻還滯留在原來的職位上。於是，小梁的心漸漸不平衡起來，慢慢萌生了「跳槽」的想法。

一天，小梁應邀參加一個同學聚會。他發現，經過兩年職場打拚，很多人在職場上已經初露崢嶸，有了自己的一小片天地。更讓他吃驚的是大學同宿舍的馮峰，現在已經是一家IT企業的副主管，月收入是自己的三倍。「論學習、口才、能力……大學時馮峰哪一點能比得上我呢？畢業後卻不聲不響地跑在了自己前頭。」小梁這樣想著，心裡酸溜溜的，一頓飯愣是沒吃出什麼滋味，而「跳槽」的念頭卻越來

越強烈。離別時，小梁把馮峰悄悄拉到一旁，把「跳槽」的想法和盤托出，請他幫忙。馮峰非常仗義地說：「那就來我們公司吧，你本來就比我有能力，理應受到重用。我回去後先和老總說一聲……」

這樣，小梁有了第一次「跳槽」的經歷。臨走時，老總極力挽留他，說公司本打算讓他在基層多幹兩年，累積一定的工作經驗和人氣後就提升到一個較重要的崗位上。但此時的小梁年輕氣盛，老總挽留的話一句都沒聽到心上。

到新公司後，小梁賣力工作，很快便受到老總的器重。一年後，他被提升為業務主管，副手便是大學時的同學馮峰。這時的小梁總算有了揚眉吐氣的感覺。但好景不長，由於大批海外公司的湧入，IT行業競爭日趨激烈，他所在的公司面臨倒閉的窘境。這時的小梁開始後悔起來，如果當時自己再堅持一兩年，可能現在已經到了一個重要的崗位……

小梁又把一紙辭職信放在了老總的桌上。老總不想就這樣失掉一個優秀的人才，就把辭職信壓了下來。馮峰勸他說：「公司在危急關頭，更要共度難關，不應該這樣一走了之。」但這時小梁去意已定。做了多次勸說後，老總發現再也無法挽留，便答應了他的辭職申請。懷著一絲愧疚，小梁從老總辦公室出來，卻沒發現老總眼裡深深的失望……

再次辭職後，小梁在職場上一直跌跌撞撞，不斷跳來跳去。不是由於不堪忍受上司的不公而辭職，就是由於薪水

低、待遇差而選擇離開⋯⋯最後，小梁靠關係在縣城老家的一個政府部門落下了腳。從競爭激烈的職場上退下來，過上了每天喝喝茶水、看看報紙的悠閒日子，小梁渾身難受。而且他很快發現，政府部門的人事晉升與資歷和人際交往關係很大，本來就不擅長人際交往的他，到現在還是辦公室一名普普通通的小職員⋯⋯

幾年後，又是一次同學聚會。坐在一群志得意滿、意氣風發的同學中間，小梁心裡越來越不是滋味。在聚會上，他又看到了馮峰，現在的馮峰早已升為了副總。原來，他離開不久後，公司被國外一個大企業收購，現在他不管是收入還是職位、見識上，跟馮峰差的都不是一點半點。

其實我們身邊有很多類似於小梁這種「等不了」的年輕人。受「等不了」心理的影響，他們做什麼事都靜不下心來，都安不下神來，所謂心上長草，說的就是這樣的人。他們做事情耐不了寂寞，坐不住冷板凳，這是浮躁的典型表現。

要想獲得成功，就要克服心浮氣躁的弱點。首先，要把握比較的度。人都喜歡比較，不願意自己比別人差。當然比較也是有好處的，正所謂「有比較才有鑑別」，比較是人獲得自我認知的重要方式。然而，比較要注意把握度，例如，相比的兩人能力、知識、技能、投入是否一樣，否則就無法去比，得出的結論就會是虛假的。如果一個音樂天賦一般的

人跟一個鋼琴神童去比較，只能是讓他對自己失去信心，產生焦躁不安的心理，從而變得越來越浮躁。所以，有比較的對象是好事，但是不能過度，過度地比較容易讓人產生浮躁的心理。

其次，就是培養自己的務實精神。務實就是「實事求是，不自以為是」的精神，與浮躁相對的就是務實。心浮氣躁的人缺乏的就是腳踏實地做事情的精神，他們往往是眼高手低，如果能夠培養自己的務實精神，可以幫助克服心浮氣躁的缺點。

如果我們能夠真正地靜下心來，認真地去學習、工作，我們做得會比現在好很多。只有拭去心靈深處的浮躁，才能找到幸福和快樂。很多時候，我們需要在心中灑點水，以澆滅某些欲望。只要平靜下來，你就能體會到人生的樂趣，而沒有必要在浮躁的世界中去追求那些不切實際的東西。

3.人越淡定，才會越快樂

　　從前的日子慢，幾個月能收到遠方親友的一封信就欣喜若狂；如今幾分鐘不刷一下臉書，不看一下LINE，幾分鐘內收不到簡訊回覆就心煩意亂。以前坐公車，在車站等上幾十分鐘也不足為奇；如今私家車看到前面的車慢一點就狂按喇叭，或者抄近道超車。現今的我們，做什麼都在趕時間：趕時間上班，趕時間參加聚會，趕時間吃飯……

　　總之，浮躁與耐不住寂寞已經成為一種社會常態。古人那種「採菊東籬下，悠然見南山」的淡定，「寵辱不驚，看庭前花開花落；去留無意，望天上雲捲雲舒」的淡然，已經在我們身上消失得無影無蹤了。隨著這些詩意的消失，失去的還有我們的快樂。

　　所以，保持淡定的心態，耐得住寂寞，不單單是一種精神狀態，更是生活所應有的常態，同時也是一種應有的人生

態度。然而當今社會，想要保持一種淡然的心態，耐得住寂寞真的是不容易，它不是一蹴而就的，而是需要一個人長期歷練的過程。

前些日子出差，在火車上遇到一個年輕的小伙子，我坐在他對面，火車裡滿是嘈雜的人聲，小孩子的叫喊聲，只有他靜靜地在看一本書，彷彿周圍的一切都與他無關。在他放下書休息的時候，我和他聊了起來。原來他在北京開了一家淘寶店，他告訴我，在他事業剛起步時，遇到了很多問題：同行的惡意投訴、買家的惡意投訴和退貨、快遞的糾紛等問題，自己常常焦急得睡不好覺，當時頭髮也是一抓一把地往下掉。

這還不是最折磨人的，最折磨人的是長時間的獨處，為了減少開支，節約成本，店裡的一切事務都是他自己一人打理的。從網上店鋪管理、客戶諮詢、訂單打印到倉庫出貨以及售後問題都是他一個人幹，也就只能在快遞員取貨的時候跟人聊兩句。家裡人由於忙也沒有時間幫忙，每天除了工作唯一能做的就是看外面的風景。忙的時候還好一些，一旦閒下來，就會覺得無聊和空虛寂寞。有時他實在忍不住了，也會在凌晨去夜店、去酒吧，但是瘋狂完之後內心更加空虛，有時候都想放棄算了。

後來，慢慢地，他開始在閒暇的時候看看書，還特意養了一盆花，打理打理枝葉，經過了一段挺難熬的時光之後，

逐漸想明白了那句「耐得住寂寞，才能守得住繁華」。如果你能克服身體上的艱辛與心靈的孤寂，遇事淡定，耐得住寂寞，學會淡然處之，那麼一定能從淡然中尋找到快樂與內心的寧靜。

能否忍受當前的寂寞、能否在成功之前控制對孤獨寂寞的恐懼，這對我們每個人都是極大的挑戰。每個人都有孤獨的時候，要學會忍受孤獨，這樣才會成熟起來。

只是，在今天這個時代，快節奏的生活方式讓我們覺得，好似什麼都「快」才是一種時尚、一種潮流。尤其是年輕人，如果自己在一段時間內沒有做出成績，彷彿一生都不再有希望。於是，他們很難耐得住寂寞、踏踏實實去做事情。而淺嘗輒止的後果就是一無所獲。

下面這個故事可以很具體地告訴我們這個道理：農夫在地裡種了兩粒種子，很快它們變成了兩棵同樣大小的樹苗。第一棵樹一開始就決心長成一棵參天大樹，所以它拚命地從地下吸收養分，儲備起來，滋潤每一條枝幹，盤算著怎樣向上生長，完善自身。由於這個原因，在最初的幾年，它並沒有結果實，這讓農夫很惱火。

相反，另一棵樹也拚命地從地下吸取養分，打算早點開花結果，它的確做到了這一點，這使農夫很欣賞它，並經常澆灌它。時光飛轉，那棵久不開花的大樹由於身強體壯，養分充足，終於結出了又大又甜的果實；而那棵過早

開花的樹，卻由於還未成熟時便承擔起了開花結果的任務，所以結出的果實苦澀難吃，並不討人喜歡，而且因此累彎了「腰」。老農詫異地嘆了口氣，終於用斧頭將它砍倒，當木柴燒了。

許多剛剛走上職場的年輕人，都像第二棵樹一樣滿腹怨言，他們認為自己備受冷落，滿腔抱負卻沒有施展的機會。在他們看來，埋頭苦學了十幾年，終於有朝一日可以大展宏圖了，可猛然發現，自己竟然在做著一些「初中沒畢業都能做的事情」。於是他們覺得苦悶，覺得懷才不遇，覺得生活對自己太不公平，甚至有一些人乾脆放棄了這份自己當初千挑萬選得來的工作。

可實際上，絕大多數的職場新人都有過當「蘑菇」的悲慘經歷。為什麼會出現這種情況？企業難道就因為他們是新人，剛畢業的學生好欺負？其實，對個人來說，這些沒有技術含量的基礎工作，是很好地瞭解企業的生產經營、瞭解客戶的基礎，瞭解了這些，日後做複雜的工作時才能得心應手，能持之以恆地完成簡單任務、做好「小事」的人，上司才可能會在將來放心地把「大事」交給你做。

最大的成功，往往屬於那種在寂寞中仍可以堅持不懈的人。在寂寞中為自己不斷積累一些可貴的經驗和素質，才可以為你以後的厚積薄發做好鋪墊。只有那些懂得享受孤獨、忍受寂寞、在寂寞孤獨中不斷堅持的人才可以有所作為。

　　正所謂「欲速則不達」，急於求成的人，也許最初的確表現不錯，但他並沒有為將來結果積累足夠的營養。而那些能夠忍受寂寞，在寂寞的過程中注重自身能力的積累，厚積薄發的人，一旦時機來臨，成功自然會水到渠成。而且，不管最終是否成功，這個過程中，我們都應該擁有更平和快樂的心境，才不負此生。

4.你羡慕別人時，別人也在羡慕你

現實中，人尤其喜歡比較。尤其是，我們生活的社會是競爭的社會，每個人不論是主動還是被動，都得參與競爭。確實，社會發展日新月異，生活節奏踏上快車道，競爭氛圍日益濃厚，誰都要在這快速運轉的社會生活中，找對自己的位置，時代要求人們必須學會競爭。在這永無休止的競爭和比較中，羡慕甚至嫉妒就更容易滋生。

就像一則寓言所說的那樣：豬說假如讓我再活一次，我要做一頭牛，工作雖然累點，但名聲好，讓人愛憐；牛說假如讓我再活一次，我要做一頭豬，吃飽睡，睡飽吃，不出力，不流汗，活得賽神仙；鷹說假如讓我再活一次，我要做一隻雞，渴有水，餓有米，住有房，還受人保護；雞說假如讓我再活一次，我要做一隻鷹，可以翱翔天空，雲遊四海，任意捕兔殺雞……

正所謂風景在別處，我們總是不自主地會去羨慕別人所擁有的東西，羨慕別人的工作，羨慕朋友買的新房，羨慕別人的車子……唯獨忽視了一點，人與人之間都是相互羨慕的，我們自己也是別人所羨慕的對象。

身心健康的人或輕或重地都有羨慕心理，只不過是有些人容易表露，有些人善於掩飾而已。有這種心理並非壞事，如果把此問題處理好了，就是一種催人積極奮進的原動力——學會取人之長補己之短。如果處理不好，妒火中燒，就會惹出許多是非來。

其實，什麼是成功？我思索了很多以後發現，成功不是財源廣進，也不是位高權重。用一句話總結成功，那就是能夠按照自己的方式快樂地生活。所以，成功是一件相當私人的事情，你沒有必要總羨慕別人。尤其是羨慕久了，可能會演變成嫉妒和恨。

在希臘神話中，美杜莎是一位極其漂亮的凡人女子，她的頭髮尤為漂亮，因為有人讚揚她甚至比雅典娜還美麗，因此激怒了雅典娜。也有人說，美杜莎和海神波塞冬熱戀，令暗戀波塞冬的雅典娜大吃其醋。總之，這位美麗的女人讓智慧女神雅典娜嫉妒了。於是雅典娜就將美杜莎滿頭金髮變成毒蛇，更詛咒看到美杜莎美麗眼睛的人將會變成岩石。儘管美杜莎已經如此，雅典娜還是不肯放過她，命令佩爾修斯前去割下美杜莎的頭顱，並且將美杜莎

的頭顱用來裝飾自己的神盾。多麼可怕的女人！這就是嫉妒，在它面前，連身為智慧女神的雅典娜也如此瘋狂。

上帝對一個女人說：「我可以滿足你的任何一個願望，但前提是你的鄰居會得到雙份的回報。」女人高興不已，但又一想：「我要是得到一箱珠寶，她就會得兩箱，我要是得到漂亮的臉蛋和身材，那個嫁不出去的女人就會比我漂亮兩倍。」思來想去，覺得還是吃虧，實在不能讓鄰居佔這麼大的便宜。最後，這個女人一咬牙一跺腳，終於做出了決定：「上帝，你挖掉我一隻眼睛吧！」這就是嫉妒，典型的損人不利己。

故事雖然誇張，但道理是真的。其實羨慕是很正常的，因為大多數人在與別人對比時，都傾向於羨慕比自己強的人。但是如果因為對別人的羨慕而放棄了對自己的自信和追求，那是愚蠢的。

每一個人都有適合自己的鞋子，如果非得去套別人的鞋子，那不但不舒服，還可能會擠壞自己的腳。所以，穿自己的鞋就好，羨慕別人無益。

生活方式沒有高低貴賤之分，適合自己的，能讓自己快樂的才是最好的。歸根結柢，生活就是人的存在形式，生活方式便是人的生活習慣。我們不能因為個人好惡而把某些生活方式抬得過高，而對另一些，則過於貶低。

人和人是不同的，所以各自選擇的生活方式也應該是

不同的。我們應該對別人的生活方式給予一定的尊重，這樣也讓我們可以自由地選擇自己喜歡的生活方式，而不用背負那麼沉重的心理負擔。

如果你在心理上將羨慕化為一種良性的競爭力，那麼你就會因為羨慕他人的才能而努力學習，發誓要超過他人；或者你發現他人的成就遠遠高於你，於是你因為羨慕而奮起直追，直到趕上或超過對方為止。你的這種競爭心理，會給你帶來巨大的成就，使你最終成為一個被他人所羨慕的人。可是如果你不是這樣，不是奮起直追，而是因為他人的成就心懷不滿，想方設法去破壞他們，那麼你的人生就將因此而變得危險了。

「見賢思齊」，將他人的成就作為自己的一個目標，一個讓自己努力去超越的目標，然後向著這個目標奮力前進，才是明智之舉。一定要學會收斂你內心裡那種因為他人的成功而感到憤懣的念頭，如果你想讓對方成為失敗者，那麼最好的辦法就是透過你自己的努力獲得比對方更大的成功。

對於人生而言，每一個年齡層都有每一個年齡層的精采，十歲的單純，二十歲的活力，三十歲的奮鬥，四十歲的穩重，五十歲的知天命，六十歲的人生感悟等等，我們沒必要在擁有無限青春活力的二十歲去羨慕他人四十歲的名利，更沒有必要站在四十歲去慨嘆青春已逝。羨慕或

許是一種難以避免的情緒，那就把它轉化為珍惜今天的力量。站在當前，就要活出當前的精采，那樣生命才沒有遺憾。

5.消極時代，心要保持積極的狀態

前陣子，和幾個好朋友一起吃飯，期間談論到了我們這個時代的發展問題，朋友們興奮地說，如今真是一個以前想都不敢想的時代，科學技術日新月異，資訊化普及到各方面，真的是瞬息萬變。問及我，我卻說，如今的時代，是一個消極的時代。我的朋友都瞪大了眼睛，一臉不可思議的表情。

我告訴他們，我知道這麼說你們肯定會很詫異。我承認你們所說的，你們都是站在科技和便捷化的角度，但是你們忽略了最最重要的一個層面：人的精神狀態。

儘管現代社會飛速發展，但是傳統觀念與現代的價值觀之間的衝突越來越嚴重。現代生活方式與之前相比有很大的不同，極大地削弱了傳統價值觀的存在根基；現代整個社會都是一種全面開放的社會，受到形形色色的思想衝擊，外來

思想的傳入，使得傳統思想脆弱不堪。加之我們國家正處於一個轉型時期，各種問題都凸顯出來，使人難免對社會和人生抱持消極的看法。

當我說完，朋友們都沉思起來了。其實，這是我們現在所處的特殊時代帶來的，傳統的價值觀已經被打破，而新的價值觀尚未確立。我們在這個時代缺失自己的信仰，某種意義上是不可避免的，也是我們向前發展必經的一個階段。

可是，儘管這是一個思想消極的時代，我依然堅信，我們仍舊可以選擇積極的方式和態度來度過我們的人生，用自己的積極態度去譜寫屬於自己的篇章。

在這個消極的時代，我們要知道為什麼我們會有這樣的心理，既然這是一個社會大趨勢，我們逃避不了，那就去揚長避短地接受。比如說，我們都喜歡快樂，那我們就要避免沉溺於現代社會那些廉價的快樂中。我們一定要清楚地知道自己想要什麼，結合自己的實際情況，為自己量身打造一套在現代環境下最適合自己的幸福計畫。

狄更斯在《雙城記》的開篇就寫道：這是一個最好的時代，也是一個最壞的時代。沒有哪一個時代是絕對的消極或者絕對的積極。消極的時代，並非意味著我們只能過消極的人生，它全在於我們自己的選擇。

現實生活中，由於價值觀和人生觀不同，每個人對幸福有各自不同的看法和理解，我們的一生其實就是在不斷追求

幸福的一生，沒有人會拒絕幸福，也沒有人會放棄幸福。我們一定要很明確自己所追求的幸福究竟是什麼，不要以別人的標準來要求自己。很小的時候，我們覺得能吃到糖果就是一種幸福，現在整天給你吃糖果巧克力，你會覺得自己幸福嗎？人的欲望是不斷變化，而且是無休止的。或許現在你想的是：如果我薪水能再高一點，生活條件再好一點就好了。結果呢？隨著生活水平的提高，你依然有更多的欲望。

你可能會覺得，名車豪宅、有權有勢、名利兼收等，哪一天這些都達到了，自己就會感到幸福快樂，在沒有達到之前，生不出幸福感。可事實上，那些現在有房有車有名有利的人生活得都很幸福嗎？未必。

我們很容易適應日益提高的經濟發展水平，但是內心的心態卻總是滯後太多，所以，即使我們的生活越來越好，也不會感到滿足，也不會找到幸福。我們總是喜歡攀比，習慣於從攀比中得到幸福感。回想一下我們的一生：在童年的時候，家長那怒其不爭的語氣是否還令你記憶猶新？你看看誰誰誰家的孩子，人家每次都是全班第一，你怎麼這麼不爭氣？卻沒有看到，你與上次考試的成績相比，已經有了很大的進步。在這個只能透過「比」來獲得優越感、幸福感、滿足感的消極時代，請你守護好內心那唯一積極的脆弱心態，否則，物質生活越富足，你的內心會越空虛。

儘管如今的社會，各種各樣並不正常的事件衝擊著社會

道德底線，生存的壓力、人與人之間逐漸消失的信任、道德標準的混亂等一系列問題衝擊著我們的心靈，我們沒有能力去改變這種社會大環境，但是我們可以改變自己的內心，讓自己保持積極向上的心態。當你用積極的心態去看這個社會的人與事的時候，你就會驚奇地發現一個不一樣的人生。

身處積極狀態的人並不是什麼都擁有，而是他對自己擁有的一切感到滿足和快樂。擁有積極心態的人並不認為生命都是一帆風順的，而是用積極的心態對待生活。

人生來就有很多無奈，但這一切都有希望解決。你不能控制生命的長度，但你可以控制生命的寬度；你不能左右天氣，但你可以改變心情；你不能改變容貌，但你可以展現笑容；你不能控制別人，但你可以掌握自己；你不能預知明天，但你可以善用今天；你不能要求結果，但你可以掌握過程；你不能樣樣順利，但你可以事事努力。

要知道，未來有千百種可能性，你所看到的只是其中一種，所以不管事情看起來有多糟糕，都不要忘記了，還有另外的無數種美好的、充滿希望的可能性在等待你。有陽光的地方就會有陰影，如果你因為這些陰影而忘記陽光的存在，那就太愚蠢了。

儘管這是一個消極的時代，然而保持一顆積極樂觀、充滿熱情的心有時候能扭轉乾坤，讓生命出現轉折的奇蹟。我們一個人的力量改變不了這個時代，但是我們可以改變自己

的心，控制自己的心態，始終用一種積極的心態來面對這個社會，即使你身處泥濘沼澤，陰雨連綿，你也會奮勇前行，毫不氣餒與絕望，因為你的內心晴空萬里。

6.即使環境不景氣，你也要保持「心氣」

　　有一個從事金融業的朋友跟我說，經歷過2015年的股災，自己也算不枉此生了。有一段時間，檢查自己的隨身包和辦公室抽屜：胃藥、安定、芬必得、眼藥水……缺了哪一樣都不安心，因為失眠、偏頭痛、胃痛、眼睛乾澀……它們說來就來。說起來什麼病都沒有，但卻懷疑自己渾身是病。看著股指一路狂跌，他的很多同事都精神渙散、神經衰弱，心理健康指數紅燈頻閃。他跟大家說的是，既然力量渺小的我們無力救市，那我們還是想想辦法，救救自己的心理吧。

　　他說，在股市裡有兩種人，一種認為我今天賺錢了，還好沒有賠；一種認為，今天賺太少了，如果賣得再高些，會賺更多。前者認為，量價配合挺好，信心十足；後者無論什麼圖形，都認為是人為的，都是莊家做出來的，都不可信，或者說都不可輕信。前者是理想主義者，賠錢的時候容易釋

然，賺錢的時候更會開心；後者是現實主義者，賠錢的時候總是事後諸葛亮，總是後悔，賺錢的時候總嫌賺得少。你是前者還是後者？

是啊，心情沮喪、情緒低落、對未來失去信心、持續焦慮、寢食難安、軀體不適感增加、人際關係亮紅燈、情緒易於失控、工作心不在焉、效率明顯下降、對自己正常收入減少和物價波動擔憂……所有這些，真的是你想要的嗎？它們對事實有任何幫助嗎？

在那些不算平順的日子裡，心態尤其重要，正確的心態就是良好的內功。心態積極向上，面對困難我們就會充滿信心，千方百計去克服，而且困難所帶來的不便和不適感也會因信心強大而大大減弱。如果我們一味懼怕，困難還沒有打垮我們，我們已被自己打垮了。因此，不管現狀有多糟，我們都應該有良好的期待和必勝的信心。

一位老人，總是獨自在加巴尼斯港口外的海面上打魚。有一天，他捕到一條馬林魚，那條魚拽著沉重的釣線把小船拖到很遠的海上。兩天以後，漁民們在朝東方六十英里的地方找到了這個老人，馬林魚的頭和上半身綁在船邊上。剩下的魚肉還不到一半，有八百磅重。原來那老人遇到了鯊魚。鯊魚游到船邊襲擊那條被綁的魚，老人獨自在灣流中的小船上對付鯊魚，用槳打、戳、刺，累得他筋疲力盡，鯊魚卻把能吃到的地方都吃掉了。

　　這個故事你並不陌生，來自海明威的《老人與海》。故事本身並不離奇，讓人動容的是那位老人，在失敗面前保持著優勝者風度的老人，用他靈魂的力量征服了我們。

　　你呢？努力了許久，可是只能眼睜睜看著即將到手的好處落在別人身上，這時候心有不甘的你還能保持自己的修養和風度嗎？無論上天對你是否公平，也無論目前的形勢是否景氣，這些都不重要，重要的是你的心氣，你的心氣要順、要豁達。

　　總有一天我們都會離開這個世界，記住你將死去這個事實會讓你對很多事情有不一樣的看法。想想看，總有一天，所有的驕傲、所有的風光和失意、所有對難堪和失敗的恐懼，這些在死亡面前都會消失。你有時候會因為失去而痛苦，記住你即將死去，可能是避免這些想法的最好辦法。

　　一個豁達的人，會把瑣碎的日子過得厚重，風度不僅在成功的時候要有，失敗時更需要有，因為成功時的風度未必會使人永遠成功，而失敗時的沒風度卻一定會導致繼續失敗。

　　19世紀中葉，美國實業家菲爾德，首次使用海底電纜把「歐美兩個大陸聯結起來」，因此被譽為「兩個世界的統一者」，鮮花、稱讚聲絡繹不絕。然後因為理論和實際情況不相吻合，在使用的過程中，由於技術問題，剛接通不久的電纜便中斷了信號傳播。一瞬間，那些俗人的嘴臉全部變了

樣，稱讚全部變成了臭雞蛋，紛紛砸來，指責菲爾德欺騙了他們，要求他賠償各種損失。面對這巨大的榮辱變化，菲爾德並沒有接受不了，他對那些屈辱一笑置之，顯現出成功人士卓越的風度，他繼續潛心改進他的海底電纜事業，最終成功地架起了歐美大陸的信息大橋。

「寵辱不驚，看庭前花開花落；去留無意，望天上雲捲雲舒。」說的就是這種人吧，這才是智者的人生態度。在如今這個喧雜的、浮躁的社會中，能做到坦然、平靜地看待人生的人已經不多了，大多數的人不安下心來追求成功，反而只會埋怨社會、埋怨命運，在無意義的攀比中尋求安慰。

生命和生活有時候並不如我們想像中美好，它們對於我們每一個人的待遇都有所偏心，有的人確實生於榮華，處於風順；有的人或許就沒有那麼多天生的優勢。不過相信上天在為你關上一扇門的同時，肯定為你打開了另一扇窗。看淡這些不平，才能潛心去做正經的事情。我們的心和胸懷就那麼大，如果裝滿了埋怨和憤憤不平，又怎麼能有心思去探索自己的夢想呢？

平和之心，貴在淡然。《道德經》中對於平和之貴也有過如此評價：「寵辱若驚，貴大患若身。何謂寵辱若驚？寵為上，辱為下，得之若驚，失之若驚，是謂寵辱若驚。何謂貴大患若身？吾所以有大患者，為吾有身，及吾無身，吾有何患！」

　　人生在世，無論是面對榮華富貴、位高權重，還是面對窮困潦倒、失權失勢，都要以一顆平和之心處之。不以物喜，不以己悲，得失隨緣不僅僅是古人讚賞的一種精神，更是處於這個風雲瞬變的當代，所必需的一種心態。平靜地面對風雨大浪、因果得失，才是成大事業者的一種氣魄。

7.有了專注，才能充滿定力地前行

　　大凡世界上的偉人們，很多都被人視為偏執狂，但他們無不憑著自己的執著及專注，最終達到了目標，取得了自己的成功。如果你肯仔細分析，會發現他們不管對什麼偏執，共同的特點是對所偏執的對象都充滿熱情。只有擁有熱情這種巨大的能量，才有可能做到專注。

　　因為只有一個充滿熱情的人，才可以偏執地相信自己的思想，不為外界事物所影響。於是面臨難題的時候，熱情的勇者想的是如何設法化解，這就是一種充滿正能量的情緒。

　　有一位青年苦惱地對著名的昆蟲學家法布爾說：「我每天不知疲倦，把自己的全部精力都花在我愛好的事業上，可結果總是收效甚微。」

　　法布爾讚許地對他說：「看來你是一位獻身科學的有志青年。」

這位青年說：「是啊！我愛好科學，也愛好文學，對音樂和美術我也很感興趣。我把自己幾乎所有的時間全都用在這些愛好上了。」

這時，法布爾從口袋裡掏出了一只放大鏡，把陽光聚焦在了一點上，他對青年說：「試著把你的精力集中到一個焦點上，就像這塊凸透鏡一樣。」

許多卓有成就之人都是透過「聚焦」成功的。法布爾的成功就是一個例子，他為了觀察昆蟲的習性，常常達到廢寢忘食的地步。有一天，他一大清早就俯在一塊石頭旁，幾個村婦早晨去田間勞作時看見法布爾，到黃昏時分收工回家，仍看到他趴在那兒一動不動。她們實在不明白：他花了一天的時間只看著一塊石頭，如同中了邪！

其實，她們並不知道，為了觀察昆蟲，法布爾不知花去了多少個日日夜夜。

是啊，人的時間與精力極其有限，不可能什麼都會，什麼都精通。今天學這、明天學那常常使人疲憊不堪，難以精通。成功是需要「聚焦」，如果把時間與精力集中起來，專攻其一，會大大增加成功的機率。正能量也同樣如此，它需要你足夠專注，才能喚醒。

化學家說過，如果將一英畝草地所產生的全部能量都集中在蒸汽機的活塞上的話，所產生的動力完全能夠推動世界上所有的磨粉機和蒸汽機。但是，因為這種能量通常處於分

散狀態，集中起來的難度相當大，所以從科學的角度來看，它基本上沒有任何價值可言。

同樣道理，總是分散精力和轉移目標的人，其實正在白白地消耗他們的精力，隨之而來的必然是筋疲力盡和意志消磨，而且會逐漸失去全部的信心和勇氣，整個人都被負能量充斥。因此，他們即使從事理想的事業，也只是無所事事、一無是處。

正因為分散精力很容易一事無成，所以生活中很多人沒有實現早年確定的目標。由於他們涉足太多領域，養成了見異思遷的習慣，難免分散注意力，結果阻礙了他們獲得成功的步伐。什麼東西都涉及，沒有將全部的精力傾注在一件事情上，便只能學到一些皮毛，而事實上卻是在浪費生命。

真正的強者是那些集中能量專注某一領域，並且堅持不懈地探索，最終成為該領域內幾乎無人能與之媲美的翹楚。所以在確定目標的時候，切忌淺嘗輒止和浮光掠影。一旦我們學會了「聚焦」我們的能量，或許會讓自己變成一個不可思議的「超人」。

用馬克・吐溫的話來說就是：「偏執者」與神離得最近。對於我們而言，做什麼事情如果都能達到痴迷忘我的程度、達到「偏執狂」的地步，那麼這種情緒正能量，會帶來更多思維正能量、工作正能量。在它們的共同努力下，離成功也就不會太遠了。

　　不管別人的存在，不管身邊多麼喧鬧，靜下神來，心無旁騖，一心一意地處理自己正在做的事情，就一定會把那件事做好。這就是注意力的力量，它有多麼強大的正能量呢？那些擁有它的人會知道。

　　當我們專注於目前正在做的事，全神貫注地投入每一瞬間時，你的感官高度靈敏，你的意識也會無比細膩清晰，你就能充分捕捉和感知周圍的一切，讓自己受影響，並深深地品味此刻的種種美妙。這時候，你的身體爆發出的正能量，定會給你帶來璀璨的光芒。

　　所以，不管你做什麼，要好好地把焦點放在你做的事情上。當你和人們談話的時候，就一心一意地談話；當你工作的時候，就把心思放在手邊的工作上。全神貫注，會幫你做好事情，也會給你整個人帶來更多的正能量。而且，專注帶給我們的正能量可不止如此。

　　兩千多年前，一群學生在到處尋找快樂，卻遇到許多煩惱、憂愁和痛苦。

　　他們向大哲學家蘇格拉底請教：「老師，快樂到底在哪裡？」

　　蘇格拉底說：「你們還是先幫我造一條船吧！」

　　這群學生暫時把尋找快樂的事兒放在一邊，找來造船的工具，用了七七四十九天，鋸倒了一棵又高又大的樹，挖空樹心，造出一條獨木舟。獨木舟下水了，他們把蘇格拉底

請上船，一邊合力划槳，一邊齊聲唱起歌來。蘇格拉底問：「孩子們，你們快樂嗎？」他們齊聲回答：「快樂極了！」

蘇格拉底說：「快樂就是這樣，它往往在你為著一個明確的目的忙得無暇顧及其他的時候突然來訪。」

所以，你瞧，當你專注去做一件事情的時候，連快樂也不會缺席。因為快樂是需要付出才能體會到的。有的人經常會想，要是有一天自己什麼都不用做就能有好吃的好喝的，那才叫真正的快樂；但是實際上，這樣的生活是最無趣的，也是最可怕的。人最怕的就是空虛的心靈，真正的快樂是建立在充實有意義的人生上的。專注地去做自己感興趣的事情，怎麼可能不快樂呢？

8.人生是一場馬拉松，感覺累了，可以放鬆腳步

面對社會，沒有一個人可以輕鬆地說，我沒有壓力。事實也是如此，競爭的日益激烈，讓我們的壓力無處不在。於是抑鬱、亞健康、神經緊張、失眠等症狀也越來越多地走進了人們的生活。我們被頭痛、消化不良、精神不佳、失眠等痛苦折磨著，然而當我們真正走進醫院時，卻發現我們又沒有得什麼病症。這時候或許心理醫生可以告訴你真正的原因：你該為自己的心靈減肥了。

從一出生，我們接受的教育就是「奔跑」：上學時，要學會和全國與你一樣的同齡同學賽跑，否則你就會落後，在「千軍萬馬過獨木橋」的時候會被無情地擠落河裡；工作了，要學會和你的同事賽跑，否則你永遠都是底層員工的命……我們的一生，為了生存、為了理想、為了各種各樣的目的，在人生道路上一直奔跑，不敢稍有懈怠。

　　但是，人活著，不可能一帆風順，是人都會有累的時候，都會有身心疲憊的時刻。面對你生命中交織的人與事，可能有太多的無奈無法釋懷，可能有太多的願望無法企及，於是，你會在某個瞬間，感覺身心疲憊，心力交瘁，感覺累了。累了就累了吧，畢竟只是一個平凡的人；痛了就痛了，至少我們還能面對。和自己說：「對不起，這些年沒有能夠好好照顧自己。」然後收拾一下心情，拋棄那些讓自己不快的、沉重的包袱，放鬆一下自己。

　　人之所以感覺累了，身心疲憊了，是因為你內心的承載已經遠遠超出所能負載的量，經歷了太多的風雨，心力透支的緣故。如果累了，就停下來歇一歇吧。深深地吸一口氣，勇敢地放下。平心靜氣，閉目養神，釋放心情，調整心態，擺脫煩惱，減輕一些內心的壓力，放下所承受的負擔，改變一種簡單的生活方式，讓自己有著放鬆心情的空間，尋求一些快樂，這樣會覺得好過一些。

　　何苦為難自己呢？人生旅途中有許多美好的東西，往往在心靈經歷滄桑之後才成為永恆。生活可以洗滌一個人的靈魂，時間可以覆蓋一切痕跡，當你身心疲憊的時候，不妨放下一切，讓心靈得到釋放。

　　今天拚命地掙錢，拿自己的健康換取金錢，殊不知身體健康、全家平安才是人生最大的幸福。錢沒有了可以再賺，什麼時候錢都賺不完，可是健康卻是你用什麼都買不到的。

我們可以有追求，我們可以有目標，它們不會因為我們適當地放鬆和休息而消失不見。人生是一場馬拉松，不是百米賽跑。我們要學會積蓄自己的體力與能量，不能跑得太急，否則我們可能跑不完全程就會倒下，永遠站不起來。只有調整好自己的心態，放鬆自己的身心與神經，生活中的事情才會變得得心應手。

我曾有機會和一位事業有成的企業家共進晚餐，期間我問他，您從白手起家到現在身家過億，在奮鬥的過程中，或者說在您創業的道路上，什麼是您感悟最深、最有收穫的？他想了一下，給出了一個令我瞠目結舌的答案：「學會放鬆自己。」

看到我一臉的驚訝和不可思議，他又強調了一遍：「沒錯，就是要學會放鬆自己。曾經有很長一段時間，我都過著一種你想像不到的生活，用一個字來概括就是：忙！整天忙於生意場的應酬與交際，處理公司的各種事務、做決斷，很多時候連早餐都顧不上吃就要急著去公司開會，一整天都忙得不可開交，經常凌晨兩三點才能到家，總感覺事情怎麼做也做不完，時間也是永遠都不夠用。在那段時間，日子過得真是很累，自己的很多愛好都不得不放下了。

「記憶最深刻的是一次我女兒過生日，在生日的前一天，晚上回去問女兒想要什麼禮物。女兒說想要爸爸明天能按時回家陪她過生日，說我都有八年沒有陪她過過生日了。

晚上躺在床上，我輾轉反側難以入睡，滿腦子都是女兒的話語在回響。

「實在睡不著，我起床去院子裡的花園，四周一片寂靜，在月光中，我看到花木的枝條有些凌亂，拿起剪刀修剪了一下。我強迫自己忘記忙碌的生活，靜靜地享受現在的寧靜與空靈。回想起了當初為什麼這麼拚搏，為什麼出發，當初的願望真的很簡單：有一間自己的房子，妻子賢慧，孩子孝順可愛，如今一切都早已實現，可是自己依然一直奔跑在路上，不敢有片刻的停留。

「第二天，我提早處理了重要的事情，推開了所有不必要的應酬，早早地回到了家，看到孩子那燦爛的笑容、妻子在廚房忙碌的身影，那種不知有多久沒有感受過的溫馨剎那間湧上心頭。此後，我終於想明白了一個道理：生活的壓力可能讓你過得很累，適當抽一點時間放鬆心情，選擇一種讓自己愉快的方法，慰勞自己疲憊的身心。適當地休息，才能走更長遠的路。」

是啊，當你身心疲憊的時候，不妨暫時停下匆匆的腳步，想一想當初為什麼出發，汲取力量再上路；每當困惑的時候，不妨停下腳步，給自己的心靈放一次假，梳理紛亂的思緒，驅走迷茫再上路。

當你身心疲憊的時候，就放下手中的工作，去一個自己一直想去的地方，能讓自己靜下心來的地方，可以去看看漂

亮的風景，去看一場精采的演出，找幾首很喜歡的歌聽聽，或者找幾本自己喜歡的書看看，出去逛逛街，做做運動，都是在給自己的心情放假，在放鬆自己。

　　手痠了，我們都知道把手裡的東西放下來歇息；心累了，也要記得把心裡的事放下。只有擁有一顆輕鬆、快樂的心，才能不管在什麼境況下都不至於迷失自己，走好屬於自己的人生道路。

燒去抱怨

讓壞情緒滾出你的生活

運用時機

1.當你覺得自己越來越不快樂的時候。

2.當你懷疑自己更年期提前到來的時候。

3.當你總是莫名其妙提不起勁，覺得生活無聊的時候。

練習時間

每天都可以進行。

特別提示

在做這項練習之前，大家必須非常明確一件事：抱怨沒有讓我得到任何我想要的東西，反而使我失去了寶貴的時間，蠶食了我的快樂。並且，你要能夠分清楚，自己的哪些話是抱怨，哪些是陳述事實。

你要告訴自己：「我確實不該有這樣的想法，但我不知道該如何打消這些消極的念頭。」這時候，才能繼續下面的練習。否則，如果你認為抱怨無足輕重，或者覺得自己的抱怨是理所應當的，那麼下面的練習對你可能就是無意義的。

練習內容

隨時帶上紙筆，任何時候，當你出現壞情緒，就把讓你抱怨的事件，以及你的反應，真實地寫下來。每天白天做記錄，晚上的時候看一遍，然後燒掉它。

當你發現自己晚上看這些紀錄越來越平靜的時候，可以試著進行下一步——轉化抱怨。當你情緒特別差，想要產生抱怨的念頭，或者說出抱怨的話時，試著把它們變成一種感恩。我們之所以會抱怨，是因為感覺自己的利益受損，所以不滿意。假如能夠換個角度，找出它值得感謝的地方，自然就不會抱怨了。

比如，「飛機誤點了，我要等多久啊！」我會變成：「多謝飛機誤點，我又多看了好幾頁書。」

「老闆提拔了他，他哪裡比我做得好！」變成：「感謝老闆提拔了他，我對擺脫現狀、提升自我有了更充足的動力！」

慢慢地，你會發現自己的抱怨越來越少，心態越來越積極。面對困難的時候，你的自信心和戰勝困難的能力也更強了。